気分爽快

富山の25山・25湯

中高年も女子も楽しいコースガイド

まえがき

本書は、北國・月刊アクタス「ほくりく日帰り山歩き」で２００７年以降に連載した富山の15山を中心に、それ以前に掲載した人気の10山を加えて1冊にまとめたものです。対象の山の多くは、体力に自信がなくなってきた年配の方々や山を始めたばかりの初心者でも安心して歩けるところとなっています。もっとも富山県の山は石川や福井と比較すると、全体に高い山が多く、金剛堂《こんごうどう》山《ざん》や僧《そう》ケ《が》岳《だけ》のようなハイキングと登山の中間（そういう見方が正しいかどうか自信はありませんが）のような山も少なくありません。当然、一定の時間歩くことになりますので、服装や食べ物、そして天候などにも気配りしなくてはなりません。

富山県には、日本を代表する有名な山、危険な山や谷がたくさんあります。そんな山に挑戦するのは、心がはずむものです。しかし、山の魅力はとても幅が広くて、低い山、やさしい山にもいっぱい詰まっています。それを見つけながら、自分らしい山歩きをすることもまた何よりの喜びだと思います。この本が、少しでもそのお役に立てば幸いです。

２０１２年春

著者

Contents

富山湾
新潟県
長野県
岐阜県
越の原
横田
徳田大津
大津Jct
高田
西山
上棚矢駄
料道路
灘浦
氷見北
氷見
高岡北
能越自動車道
高岡
福岡
小矢部東
小矢部
砺波
小矢部砺波Jct
福光
五箇山
白川郷
飛騨清見
東海北陸自動車道
小杉
富山西
富山
立山
滑川
魚津
黒部
朝日
親不知
249
160
159
415
471
8
156
472
41
359
304
360
158
1
2
3
4
5
6
7
8
9
10
11
12
13
14
15
16
17
18
19
20
21
22
23
24
25

富山の 山旅マップ

YAMATABI MAP

1. 立山（大汝山） 3015m
2. 大辻山 1361m
3. 中山 1255m
4. 僧ケ岳 1855.4m
5. 金剛堂山 1637.9m
6. 白木峰 1596m
7. 高落場山 1122m
8. 立山・弥陀ケ原湿原 1930m
9. 大品山 1404m
10. 瀬戸蔵山 1320m
11. 濁谷山 1238m
12. 袴腰山 1163m
13. 赤祖父山 1033m
14. 負釣山 959.3m
15. 白倉山 878.3m
16. 祖父岳 831.6m
17. 夫婦山 784.1m
18. 城山（千石） 757.3m
19. 小佐波御前山 754.2m
20. 南保富士 727.1m
21. 大乗悟山 590m
22. 尖山 559.2m
23. 茗荷谷山（城ケ平山） 446.3m
24. 吉峰山（森林研究所樹木園） 370m
25. 三千坊山 264.2m

安全で楽しい山歩きのために

初めての山歩きは、ワクワクしながらも不安なものです。どんな服装でどんなものを持って行けばいいのだろう、最後まで歩けるだろうか、何かあったらどうしようなど、心配も多いと思います。そこで、初心者のための参考までに、無雪期の安全な山歩きについて考えてみました。

服装・靴・持ち物

《下着》

水切れがよく保温性のある化繊の下着を着用して下さい。木綿の下着は汗をかいたあと冷えるので、山歩きには向いていません。季節により、長袖、半袖を使い分けます。靴下も同様で、少し厚手のものを履きます。

《上着》

下着同様、化繊のカッターシャツや長袖シャツ、伸縮性がある化繊のズボン、フリースの上着やスキータイツなどを着用します。いずれも、体を冷やさないことが大切です。

《靴》

坂道などで滑りにくい、靴底が山歩き用になっているものがおすすめです。めざす山により、沢山種類がありますので、山道具屋さんに相談しましょう。

《ザック》

日帰り、あるいは山小屋泊まりなら、30リットルで間に合います。

《持ち物》

雨具とヘッドランプ、地図とコンパスは、必ず持つ習慣にしましょう。雨具は、天候の急変はもちろん保温にもあるていど役に立ちます。少々高価でも、ムレなくて

撥水性の高いものがおすすめです。

食べ物は少し多目に持ちましょう。満腹感があって力の源になる炭水化物（オニギリなど）、短時間で元気になる甘いもの（アンパンやバナナ、チョコレートなど）を併せ持つと良いと思います。飲み物は、さっぱりしたものと甘いものを持つと良いでしょう。盛夏の日帰り山歩きの場合、併せて1リットル以上必要です。早春や晩秋はテルモスに暖かい飲み物を入れて持つと良いでしょう。いずれも、少し多目に持つことをおすすめします。

その他、帽子、汗拭き用のタオル、薄手の手袋、万一の時のためにバンドエイド、テーピングテープ、ナイフ、ライターなどを忍ばせておくと良いでしょう。ストックについては、急坂でバランスをとったり、マムシよけにも使えますので、1本持つと便利です。2本を器用に使う人たちも増えているようですが、じゃまになることもあります。

≪レスキューシート≫

安価なアルミ製のシートが流行していますが、小さいビニールシートでもOKです。万一の時に威力を発揮します。

≪携帯電話≫

緊急連絡用として、携帯電話が使われることが多いようです。電波が届く範囲ではありますが、GPS（衛星利用測位システム）機能がついたものは、万一救助要請をする場合、自分がいるところの緯度、経度がわかり、道迷いの修正をする上でも救助を要請する上でもとても便利です。

計画書づくり

山岳会に入っている人の場合、計画書の作成と会への提出は当たり前になっています。これは万一捜索する場合にとても役立ちます。山岳会に入っていない場合でも、計画書の作成と、家族や知人にそれを渡しておくことは大切です。計画書の内容は、日程、山域、コースとおおまかな予定、持ち物、装備が、たとえ簡単にでも記されていれば、万一の場合素早い救助活動ができます。（登山届けについては、登山口にボックスなどがない場合もあります）

好天の日に出かけよう

天気予報に注意して、好天優先で出かけるようにしましょう。「ひどい目にあった」という場合

の多くが、休み優先の方々に見られます。せっかく計画したのだから、やっととれた休みだから、というのは人間の都合で、自然はそれに合わせてはくれません。

山歩きの基本

平地と違って、登ったり下ったりして疲れるのが山歩きです。疲れないためには、ゆっくりした一定のペースで歩くこと、歩幅を小さくすること、段差の大きなところはなるべく避けて、遠回りでも楽なところを歩くことです。休憩は、50分歩いて10分休むというのが一般的ですが、30分歩いて5分休憩という人もいます。あまり汗をかかないペース、仲間と会話ができるくらいのペースで歩いてはどうでしょうか。

行動食をこまめにとることも大切です。突然力がはいらなくなる原因の多くは空腹です。休憩ごとにこまめに食べ物をとりましょう。

登山道が崩れていたり岩場、クサリ場など危険箇所を通過する場合は、ムリだと感じたら迂回するか引き返すことです。

単独はやめましょう

初めて山に出かける場合、慣れた人といっしょに出かけましょう。単独は気楽ですが、自分に何かあった場合、不便です。人気の山なら、通りがかりの人に力を借りることができますが、地味な山となると、誰にも会わない方が多いものです。

地図、コンパスの使い方

地図は、ハイキングマップと国土地理院の2万5千分の1地形図を併用すると便利です。最近ではパソコンを利用して、地形図、コースの高低差や斜度、一帯の立体図まで出せますので、国土地理院の地形図を買う人は少なくなっているようですが。地図、コンパスの使

い方については、本や山岳会主催の講習会などに参加して、習熟しておきましょう。

持病対策

中高年になると、みんな何かしらの持病を抱えています。中でも危険なのは心臓疾患を抱えた方の場合です。対策が特にあるわけではありませんが、強いて言えば、負担をかけないようのんびりペースを心がけることでしょうか。

クマ、マムシなどの対策

山の中には、多くの生きものが暮らしています。景観を楽しみながら、一方でいつも周囲に注意を払うことが大切です。

●クマ対策は、クマよけの鈴を鳴らしながら歩き、クマに人間の居場所を常に知らせることです。ただし、子熊を見かけたら、その場から遠ざかることです。子供を持つ母熊は過敏になっていますから。

●マムシは、雨後に甲羅干しで登山道などに出てきます。山域によって、多いところと少ないところがありますが、足元に目配りしながら歩き、寝そべっていたらストックなどで追い払うことです。また、休憩場所や木の枝、岩などに手をかける場合も、注意しましょう。熱に反応するので、いきなり噛《か》みつかれる場合があります。マムシなど毒蛇に噛まれたら、傷口をすぐ水洗いして（口で毒を吸い出す場合は注意して）、傷口の上部を縛って毒が回らないようにして、すぐに下山して医者に向かうことです。

●ヤマビルは、道々の草木にいて、通る人間の熱に反応して吸い付きます。ヒルのいるところでは、襟首まわりや袖口など、仲間とこまめに点検しながら歩きます。吸い付かれると出血がすぐには止まらないので、バンドエイドで押さえるしかありません。ヒルはナメクジ同様塩に弱い生き物なので、ヒルの山に出かけるときは、食卓塩をポ

ケットに入れておき、振り掛けるとすぐ死滅します。

●アブ、オロロ、ヌカカなど吸血性の生きものには、虫除けスプレーなどで対応するしかありません。

万一の場合の対応

事故原因で多いのは、道迷いと、それに起因した滑落などだそうです。事故が起きたら、状況を確認し、無理をせずにいち早く救助要請をすることです。事故現場をGPSなどで特定し、電波の届くところから携帯電話で要請します。状況によりヘリによる救助が行われます。

道に迷ったと気づいたら、元に戻って地図とコンパスを出して確認するのが最善です。往路と復路が同じの場合、迷いやすそうなところに赤布など目印をつけておくことも良い方法です。

ケガはしていないものの、道に迷って夜になってしまった場合は、雨露をしのぎやすい場所に移動し、しっかり食事をとってレスキューシートあるいはツェルトをかぶって明るくなるまで動かないことです。焚《た》き火ができるところでは、枯れ木などを集めて焚き火で暖をとって寒さをしのぎましょう。

山の簡単料理

テント泊の夕飯は別にして、昼間はオニギリやパンなどで済ませることが多い山歩き。それでも昼食時に暖かいものが一品あると、心が温まります。時間があるときなどは、ナベやフライパンを担いで、トン汁、煮込みうどん、焼肉と、なんでも有りで、自宅から調理済みの材料を持って行って楽しみます。ただ、ほとんどは、ラーメンとか味噌汁が一品つくだけで満足しています。インスタント、レトルト食品が沢山ありますので、湯を沸かせばおいしいものが簡単に出来る時代です。携帯用のガスコンロとコッヘル、そして水があればOKです。

ツアー登山について

北海道トムラウシ山での「大事故」以後も、ツアー登山の人気は高いようです。賛否は控えますが、地域の山岳会などに加入して、心許せる山仲間たちと、安く、楽しく、安全な山歩きをされることをおすすめします。

本書の使い方

●掲載したデータは原則として2012年3月14日現在のものです。その後、変更になっている場合もありますので、施設利用料金や営業時間などは事前に確認してください。

●収録した山それぞれの2ページ目におすすめの季節、アクセス、登山時の注意点などのアドバイス、問い合わせ先などの情報が掲載してあります。

●参考コースタイムは標準的な所要時間（休憩時間は含みません）ですが、気象条件、登山経験、体力などによって変わることを念頭において計画してください。

地図凡例

今回のコース	河川
登山道	線路
一般道	リフト
稜線	▲ 山頂(数字は標高を表します)
	絶景ポイント

※それぞれの山の説明につけた地図は、国土地理院発行の２万５千分の1地形図に基づいて作成しました。

1 立山《たてやま》(大汝山)

標高 3015m

参考コースの所要時間
約5時間20分

岩稜を歩く、古き信仰の山
後立山連峰と黒部湖望む

山頂付近から
見渡す眺めは
絶景だ

思わぬ寒さに驚き

「日帰り山歩き」の企画で初めてとなる３０００メートル級の山に挑戦しようと立山に向かった。立山については、信仰の対象としての立山三山はどの山だとか、狭義にはどうだとか、とらえ方がいくつもあるが、山歩きでは1番高い大汝山の標高３０１５メートルが立山の高さとして記されるので、とにかくそこまで歩いてみることにした。

立山駅からケーブルカー、高原バスと乗り継いで、スタート地点となる室堂ターミナルへ向かう。立山は初めてという北本裕子さんのスタイルは、流行の7分丈ズボン。アルペンルートのイメージが強かったようで、「暑いと思って、裾をはずしてきたんです」と言う。一方の山岸カメラマンは、以前みぞれに見舞われた経験があるので寒さ対策も万全だ。

タテヤマスギやブナの巨木群の

立山

参考コース スタート 室堂ターミナル ▶1時間40分▶ 一ノ越 ▶1時間▶ 雄山 ▶25分▶ 大汝山 ▶20分▶ 雄山 ▶45分▶ 一ノ越 ▶1時間10分▶ 室堂ターミナル

■おすすめの季節

高い山なので、雪がなくなる7月末から9月末までの2カ月間なら安心。高山植物は8月中旬まで楽しめる。

■アクセス

富山地方鉄道立山駅からケーブルカーと高原バスを乗り継いで室堂まで。

■アドバイス

高山特有の気象の変化に見舞われる。真夏でも雨具、防寒具は必ず持とう。天候対策、寒さ対策が全て。10月を過ぎると、いつ雪が降ってもおかしくないので、雪対策が必要。

■お問い合わせ

立山町役場商工観光課 ✆076-462-9971
立山黒部アルペンルート ✆076-432-2819
山岳警備隊室堂派出所 ✆076-463-5537
●国土地理院地形図　2万5千分の1地形図「立山」「剱岳」

ミヤマアキノキリンソウ

ピンクが映える
ヨツバシオガマ

深い青紫が涼しげな
ミヤマリンドウ

群生するトウヤクリンドウ

ライチョウも顔を見せた

浄土山（じょうどさん）の沢筋に残る雪渓

立山駅からケーブルカーで出発

祈とうの後は、御神酒を一杯

ガスの立ちこめる中、雄山へ向かう

間を縫うように走る高原バスに乗れば、樹林帯、低木帯、そして草原へと景色は移り変わり、高度2500メートルの室堂ターミナルへと一気に運んでくれる。この日の天気は曇り。周囲の山々は中腹あたりまでガスが立ちこめている。「えーっ、ウッソー」と思わぬ寒さに驚く北本さん。ニヤニヤしながら北本さんに雨具のズボンを差し出す仲間たち。それぞれ寒さ対策をしたところで、実質的な登山口である一《いち》ノ越《こし》へと歩き出す。

多彩な花々を楽しむ

まず足元に顔を現した花は青紫色のミヤマリンドウ、続いてタンポポに似たウサギギク、そしてミヤマアキノキリンソウ。濃いピンクのヨツバシオガマもあちこちに咲いている。「写真になりませんねえ、このガスでは」と、もっぱら花のスナップ撮影に精を出す山岸カメラマンを、「腕の見せ所ですよ」とからかいながら、石を敷き詰めたコンクリート舗装の広い道を進む。右手の浄土山《じょうどさん》を流れる沢筋には雪渓が残っている。祓堂《はらいどう》の脇のベンチでは、年配のおじさんが休憩をとっている。岩礫《がんれき》帯にさしかかると、白い小花をつけたイワツメクサが目を楽しませてくれる。

一ノ越は浄土山と主峰の雄山《おやま》の鞍部《あんぶ》になったところにある。「一ノ越山荘」があり、南は黒部の谷へと斜面が広がる、とても眺めが良いところなのだが、この日の視界はゼロ。小屋のまわりでは、これから雄山に登る人、早くも下りてきた人たちが、それぞれ休憩してい

後立山連峰から針ノ木岳、蓮華岳へと続く山々

立山の全景

る。曇り空による寒さのせいか、ほとんどの人が雨具の上下を着込んでいる。

雄山で祈とう、力沸く

「それじゃあボツボツ、滑りやすいからゆっくりと」と仲間たちに声をかけて、岩がゴロゴロ転がっている斜面についた踏み跡をたどって登り始める。ペースオーバーでくたびれたのか、座り込んでいるパーティーがところどころにいる。少し登ったところの岩陰に黄ばんだようなトウヤクリンドウが群生している。そこからさらにジグザグと岩伝いの道を進むと、馬ノ背のようななだらかな小尾根に出た。雄山山頂はそこからすぐだ。方位盤があって、その隣には雄山神社の社務所がある。通常「立山登山」というと、この雄山に登ることのようで、多くの人たちが社務所の前でくつろいでいる。

「お祓《はら》い、どうします?」と、消極的な私に「やりましょう」と仲間たちが声を掛ける。私が消極的なのは、信仰心がないこともあるが、以前お祓いを受けるための長蛇の列を目の当たりにした時の後遺症なのだ。が、鳥居の先を見ると誰一人並んでいない。「よし、せっかくだから」と、さっそく祈《き》とう料を支払い本殿に上がる。延《えん》喜《ぎ》式《しき》の本殿には若い神官がいて、全員が玉砂利の上にしゃがむと、「それでは」とデデンデンデデンと太鼓を打ち鳴らし、あの例の「かしこみかしこみもうすー」が始まる。祈とうが終わり、御神酒がふるまわれると、なんだか力が沸い

眼下に広がる美しい景色

てきた。

日本最古の山小屋で 往時しのぶ

お祓いを受けたところで、本殿を後にし、400メートルほど離れた大汝山へと向かう。岩稜《がんりょう》伝いの道をいったん下って上り返すと、やがて小屋が現れ、その手前で「右手大汝山頂へ」のルート案内の前に出た。山頂まではほんのひと上り。目的の「立山」登頂を祝って記念撮影したら、大汝小屋に下りて昼食だ。大汝小屋はちょうどトイレの新築中。工事にたずさわる職人さんたちの隣で、いっしょに食事をとる(現在、工事は完了している)。小屋番をしている男性とあれこれ話していると、窓から日が差して来た。「晴れますね」との男性の一言に、目が生き生きし始める山岸カメラマン。高山の厳しさを少し体験した北本さんの表情も、ホッとした様子に変わる。

下山は、来た道を引き返す。時折立ちこめていたガスが切れて、山の姿がくっきりと現れる。そのたびに、興奮しながらカメラを構える山岸カメラマン。ところがレンズを交換しているうちに、またすぐガスに覆われ、がっかりする。それが面白くて、「また晴れるから先へ行きましょう」となだめながら雄山まで戻ったところで、黒部湖の上にそびえる針ノ木岳《はりのきだけ》や蓮《れん》華岳《げだけ》をはじめ、後立山連峰《うしろたてやまれんぽう》がその全貌を現す。これには私が興奮して、「おお、見えたぞ」と大声で仲間たちに知らせる。

大騒ぎしながら室堂まで下りたところで、日本最古の山小屋「立山室堂」を訪ねる。屋根は板葺《ぶ》きになっていて、中に入ると、信仰登山が華やかだった当時を偲《しの》ぶ品々も飾られている。

「山歩き」は無事に終えたが、心残りは「立山」の全景が見られないこと。「うーん、もうあきらめましょう」と、室堂ターミナルに戻ったその時、一帯の山々を覆っていたガスが切れた。まるで手品のように、見事にガスがなくなったのだ。その瞬間、山岸カメラマンが血相を変えて、好位置に向かって走っていった。

日本最古の山小屋「立山室堂」

おすすめの湯

みくりが池温泉

雄山、大汝山と、続けて3千メートルの山々を歩いたところで、日本一高いところにある「みくりが池温泉」に向かいました。室堂ターミナルから遊歩道を辿って12分ほどのところにある源泉掛け流しの天然温泉です。日本秘湯を守る会の会員にもなっている宿泊ができる施設で、源泉はもちろんすぐそばの地獄谷から湧き出しています。単純硫黄泉の湯は手を加えていない無加水、無加温。「雲上の温泉」と染め抜かれた紺のれんをくぐって石張りの浴室に入ると、白く濁った浴槽からプーンと硫黄の匂いがしてきます。湯に浸かると、横につながった大きな窓から、奥大日岳から大日岳へと続く大きな尾根が絵のように迫り、山好きの心をとりこにします。

中新川郡立山町室堂平 ✆076-463-1441
営業時間●9時～16時
定休日●11月下旬～4月中旬(冬季休業)
料金●大人600円、小人400円

2 大《おお》辻《つじ》山《やま》

標高 1361m

参考コースの所要時間
約3時間30分

新雪頂く立山連峰を展望
大所帯で歩くぬくもりも満喫

山頂目指し、ブナ林を進む

バス遠足気分でワクワク

北國・富山新聞文化センターが主催する登山スクールへのお誘いを受けた。「新雪を頂いた立山連峰を眺めてきませんか」といううたい文句に、即座に「参加します」と答えた。聞けば登山スクールは今年開校16年目という。これまで多くの登山愛好家を育ててきたのだろうと思うと、ますます興味がわいてきた。

10月14日午前7時、北國新聞文化センター野々市スタジオ前からバスに乗り込んだ。バスで山に出掛けるのは初めてなので、遠足気分でワクワクしっぱなしである。この日の仲間は、先生である石川県山岳協会の石森長博理事長に登山スクールのスタッフ、生徒の皆さん合わせて21人。久しぶりの大所帯での山歩きだ。バスは金沢駅を経由し、立山町芦峅寺《あしくらじ》にある雄山《おやま》神社から林道大辻山線を、登山口がある長尾峠へと向かう。

午前10時半に長尾峠に到着。手早く身支度をすませ、念入り

参考コース
スタート 長尾峠 ▶5分▶ 本道登山口 ▶40分▶ カンバ平 ▶40分▶ 北尾根との分岐 ▶30分▶ 大辻山 ▶25分▶ 北尾根との分岐 ▶30分▶ カンバ平 ▶30分▶ 長尾山 ▶10分▶ 長尾峠

①〜⑩＝立山少年自然の家でつけた目印番号

赤い実を付けたツルリンドウ

登山口近くに群生するテンニンソウ

薄桃色の風変わりな形をしたホオの実

に体をほぐす仲間たち。石森先生の「では出発しまーす」の合図で、正面に見え隠れする大辻山を仰ぎ見ながら、林道を白岩川《しらいわがわ》の方へと歩き出す。モリアザミの花が咲くすぐそばに、テンニンソウが群生している。道端に生える何と言うこともない草だが、石森先生に虫食い状態になった葉を差し出され、「天の羽衣と呼ばれています」と聞かされると、急に関心がわいてくる。

登山口はそのすぐ先だ。「大辻山本道ルート」の案内標識に「9番」の札が付いている。この一帯は、国立立山青少年自然の家のホームグラウンドになっていて、野外活動用にと番号札や案内標識が小

■おすすめの季節

4月末から10月末まで、いつでも楽しめる。白岩川ルートをたどる場合は、梅雨明けからが良い。

■アクセス

北陸自動車道立山インターから立山町芦峅寺に向かい、雄山神社手前を左折して林道大辻山線で長尾峠へ。

■アドバイス

コース途中、何箇所かぬかるみがあるので、足回りはしっかりと。
白岩川ルートは、7月〜8月頃はブヨ、オロロがいるので、虫除けスプレーを忘れずに。

■お問い合わせ

立山町役場商工観光課
☎076-462-9971
国立立山青少年自然の家
☎076-481-1321
●国土地理院地形図
2万5千分の1地形図
「大岩」「小見」

まめに付けられているのだ。それに従って丸太の階段をブナ林の中へと踏み出す。

すぐにユキツバキが顔を出し、木の根があちこちに張り出した坂道となる。ナツツバキの脇を乗り越して少し登ったら大辻山と長《なが》尾《お》山《やま》の分岐だ。そこを大辻山へと左手に進み、奥長尾山に出たところで小休止してカンバ平へと向かう。

草木の知識学ぶ楽しみも

「これ、後ろの人に」と前を歩く仲間から回ってきたのはミヤマシキミである。この教室のしきたりを知らない私は、白い花の残骸が付いたミヤマシキミをうっかり捨ててしまう。

続いて卵形の赤い実がなったツルリンドウが回ってきた。「ツルリンドウです」と渡されて、ようやくルールが飲み込めた。先頭を行く石森先生から説明を受けて手渡された草木を、後続の仲間に伝言ゲームのように順送りしながら全員で学習するのだ。冗談まじりに「食べないように」と後ろの北川清敏さん（当時55）に手渡すと、「途中から食べられますに変わったら大変ですね」と言われ、大笑いする。

チシマザサの中の坂を下る

北川さんは北國新聞の夕刊でこの教室を知り、奥さんの美佐代さんと参加したとのこと。山歩きは初めてだが、長いマラソン経験の持ち主で、「近々ひざの手術をするので、その前にのんびり歩いてこよう」と夫婦で決めたと言う。

学習はさらに続く。「朴《ホオ》の実です」と回ってきたのは、薄桃色のトウモロコシみたいな、ちょっとグロテスクな実だ。「朴ってあの朴葉味噌の葉っぱでしょ」、「そうそう、七輪の上に乗せて焼くあれよね」と会話

根が大きく変形したスギの古木

が弾む。

やがてカンバ平にさしかかる。大きなダケカンバの木が目印で、その幹に5番の札が掛かっている。ここで2度目の休憩だ。「皆さん、これ分かりますか」と石森先生が小さな虫をつまんで差し出す。「えー、これイナゴ。私いただきまーす」と声を上げたのは能美市からやってきた中村春子さん。「孫の土産に」とウエストバッグのポケットに放り込む。

中村さんは今年4回目のスクール参加だ。隣で笑っている白山市の川畠とも江さんも、御嶽山《おんたけさん》、白馬岳など大きな山にスクールを通じて挑戦しているが、「里山歩きは変化と余裕があっていい」と楽しそうだ。

昼食は仲間とにぎやかに

ブナ林とチシマザサの中に続くなだらかな道のアップダウンを繰り返していると、根元がせりあがって変形したスギの古木が現れる。よく見ると、コノハズクの顔そっくりの形をしている。根元に目をやると、ユキザサが真っ赤な実をつけて小さな群落をなしている。

やがてこのコース一番の難所である、スギの根が大きく張り出した段差の大きい急坂にさしかかる。ここをロープ伝いに慎重に乗り越すと、道は再びなだらかな上りとなる。色付くハウチワカエデを眺めながら進むと、すぐに北尾根ルートと山頂方向への分岐点に出た。

そこから山頂までは、ちょっと急だがほんのひと上りだ。「着きましたよー」と先頭グループの声が聞こえると、ぽっかりと空いたブナ林の上に青い空が見えてくる。期待に胸を躍らせながら山頂に出ると、弥陀ヶ原から立山一帯に雲がかかり、雪を頂いた立山連峰や薬師岳の山頂辺りが、時折顔を出すという具合の風景が広がっている。

「みなさん体が冷えないうちに上着を羽織って食事にしてください」と先生から指示が出される。「温かい味噌汁、すぐに準備します」と、スタッフが担ぎ上げた水を大型コッヘルに移しかえてコンロに火を付ける。

広い山頂でのにぎやかな昼食。「一人ではなかなか来られない。いざというとき仲間がいれば安心だね」と話すのは、白山市からやってきた藤井忠邦さん（当時69）。3年前からスクールに参加している藤井さんの座右の銘は「仕事も山も定年なし」だそうだ。

富山市の森郊一さん（当時55）は、腰痛対策にと6月に入会したばかり。「医者に少しやせるようにって言われてね、4カ月で5キロやせました」とすっかり山歩きにはまった様子だ。

二つの「三角点」に釘付け

食事を終えてくつろいでいると、「ちょっと注目してください。この山頂には三角点が二つあるんです。これはとても珍しいことです」と

丸太の階段を山頂に向かって進む

雲の切れ間から、冠雪の立山連峰が見えた

山頂の眺望を満喫

石森先生の説明が始まる。国土地理院が管理する通常の三角点のそばに、国有林の面積を測るために旧農商務省（農林水産省）が埋めた石柱があるのだ。みんなの目が、この頭の四隅が丸くなった珍しい「三角点」に釘付けになる。

大辻山は立山信仰が盛んなころに修験者たちが通った道で、「辻」は交差点という意味だそうだ。上市の日石寺《にっせきじ》方面から修験者と芦峅寺からの修験者が山頂で合流し、尾根伝いに早乙女岳《さおとめだけ》、大日岳、立山へと駆け抜けたのだろうか。しっかり学び、しっかり歩いた仲間たち。一人の落ちこぼれもなく、長尾山を経由して出発地点の峠に下り立った。

「安全な山歩きをするには基本に忠実であること、これに尽きますね」、「7月の北海道トムラウシ山での大量遭難のような事故を起こさないためにも」と道々話す石森先生。山岳会に入るのはちょっと気後れするけれど、仲間たちと安心して山に出掛けたいという人たちが山歩きの基本を身につける上で、この登山スクールはとても大切な役割を担っていることに気付かされた。

紅色が目に鮮やかなヤマモミジ

おすすめの湯

亀谷温泉 白樺ハイツ

立山街道から有峰方面にちょっと入ると、亀谷《かめがい》温泉薬師岳の湯「白樺ハイツ」という馴染みの国民宿舎があります。すぐそばには、槍ヶ岳を開山した大山地区出身の播隆上人像や剱岳登頂で有名になったガイド・宇治長次郎など大山の三賢人についての展示などがある大山歴史民族資料館もあるところです。亀谷温泉の湯は生活習慣病の湯とも言われていて、アルカリ性成分が多く含まれた単純硫黄泉は、神経痛、リウマチ、糖尿病、動脈硬化、高血圧などに効能があります。大浴場には、サウナやジェットバスもあり、サウナの隣にある水風呂には、源泉100パーセントの温泉水が引かれています。河原の丸い石を使った露天風呂の無色透明の湯に浸かり、ガラス越しに山々を眺めるのはまた格別です。

富山市亀谷1-10　☎076-481-1301
営業時間●10時～21時（20時受付終了）
定休日●無休
料金●大人600円、小人300円

3 中山《なかやま》

標高 1255m

参考コースの所要時間
約3時間5分

馬場島は紅葉鮮やか 樹齢千年のタテヤマスギも

赤と黄色の紅葉の変化が楽しめる

新しい登山道でき周回コースに

いつか紹介しようと思っていた。もちろん紅葉の時期に。ただ、スッキリ晴れ渡った日でないと良さが半減してしまうので、いつも見送ってきた。というのは、中山は剱《つるぎ》岳《だけ》を最も近くから眺められる里山で、ちょっと山頂まで出かけて眺めを楽しんで、もと来た道を引き返すという展望台的存在でしかなかったからだ。要するに中山は、この剱岳一帯が見えないと、土産話がなくなってしまうという〝キケン〟な山だったのだ。ところが1年余り前に、山頂からクズバ山の方に少し下って、東小《ひがしこ》糸《いと》谷《だに》伝いに下りる道がつけられたのを耳にした。これでもう、中山がただ剱岳に従属しているだけの山ではないことになった。

「よしっ」と例の気合を入れて馬《ばん》場《ば》島《じま》に向かう。不思議なもので、山岸カメラマンまでも、気合が入っ

中山

参考コース スタート 馬場島キャンプ場 ▶5分▶ 遭難碑がある登山口 ▶1時間▶ 休憩適地 ▶10分▶ 五本杉ノ平 ▶20分▶ 山頂 ▶20分▶ 鞍部 ▶1時間▶ 立山川(東小糸谷出合) ▶10分▶ 馬場島キャンプ場

■おすすめの季節

なんといっても紅葉真っ盛りの10月末あたりがおすすめ。雪解け後の6月の新緑もすばらしい。

■アクセス

立山インターから県道333号線で終点の馬場島へ。キャンプ場の駐車場に車を止めて、少し戻ると登山口がある。

■アドバイス

小糸谷沿いの登山口から登る場合は、立山川沿いに林道を少し遡って取り付く。山頂はあまり広くないので、混雑している時期はゆっくりできない。そんな日は、五本杉ノ平あたりで食事をした方がゆっくりできる。

■お問い合わせ

上市町役場産業課
☎076-472-1111
馬場島荘　☎076-472-3080
●国土地理院地形図
2万5千分の1地形図
「剱岳」

スタート直後から大木に遭遇

地面を彩る紅葉も楽しい

赤がまぶしいカエデ

まるで箱庭のような馬場島

ているように見える。隣の杉本侑里ちゃんは背丈も度胸も超大型、「ドスコイ」という感じで悠然と構えている。発電所前の狭い道を通過して右に大きくカーブすると、すぐに中山登山口だ。

「勇気の為に」と記された遭難碑が建てられている。ここ馬場島は、冬の剱岳を早月尾根で結ぶベースになるところ。積雪期になると山好きたちをウズウズさせる、そんな山域なのだ。

「じゃあ、あまり頑張らないように」と、いつもの調子で足を踏み出す。最初はちょっと急だけど、道は階段状によく整備されている。10分ほど上ると広くてなだらかな道に変わり、ブナやミズナラ、イタヤカエデの黄色に真っ赤なオオモミジ、そして薄く透き通るようなオレンジのウリハダカエデなどに包まれる。木々の隙間越しに振り返ると、東《ひがし》芦《あし》見《み》谷《だに》から大猫山へと突き上げる山腹も紅葉真っ盛りだ。

山肌一面の紅葉

ちょっと開けたところから、左手直下に目をやる。立山川と白萩川《しらはぎかわ》が合流する早月尾根の末端の、中洲になったようなところに、今しがたスタートしたばかりの馬場島のキャンプ場が箱庭のように見える。

再び、傾斜の強い尾根伝いにつけられた道をジグザグと進む。タ

モミジも黄色に染まる

幹回り10メートルを超える大木

テヤマ杉の巨木が姿を見せ始めたところでちょっと一服。さらに高度を稼ぐと、このコースで唯一広がりのある休憩場所にさしかかった。ここまでだいたい1時間。ここから先は傾斜もグンと緩くなり、すぐに五本杉ノ平にさしかかる。樹齢千年とも2千年ともいわれるタテヤマスギの古木が5本、いや隣のも入れると6本。一番大きいものにメジャーをあててみると、直径が4メートル70センチもある。楕円になっているので、差し引いて換算しても幹周りは10メートルを超えている。

色づいたブナ林広がる

ここから15分ほど、ダラダラッとアップダウンを繰り返すと、明るい山頂に飛び出した。出発時に晴れていた空はすっかり雲に覆われ、眺望は全く利かない。そんなこともあって先客は2パーティーだけ。それでもみんな、剱岳が見える東側で休憩している。「こんにちは」と挨拶を交わし、いい具合に空いている反対側に腰を下ろす。湯を沸かし、カップメンとニギリメシといういつものパターンの昼食をゆっくりとると、楽しみにしていた初体験コースに挑戦だ。

まずクズバ山方向へ、中山との鞍部《あんぶ》（いちばん低くなったところ）まで下る。まだ十分踏まれていない道はフワフワとした感触で足の裏をくすぐる。すぐにブナ林が現れる。地形図から推測したとおりの見事な広がりだ。山頂から立山川へとまっすぐに延びる尾根は赤と黄色に、月並みだが錦織りなすとでも言えばいいのだろうか、見事に色づいて輝いている。

鞍部からは枯れた沢筋に沿ったゆるやかな道になる。目は左手に続く尾根にクギ付けだ。山岸カメラマンのシャッターを切る頻度もいつになく多い。もちろん杉本さんもケータイで撮りまくっている。

黄色く色付いたカエデの中を進む

右手から沢の音が聞こえてくると、二つの沢の合流点に出た。そこに丸太を組んだ橋が架けられていて、道は東小糸谷の右岸（上流から下流に向かって右手）へと移る。本流の立山川が近づいたところで、一度左岸へ渡り返し、再び右岸へと渡ると、広い河原状になった立山川に降り立った。

　馬場島まではほんのわずか。山歩きの余韻を楽しみながら、ぶらりぶらりと林道を辿《たど》るだけだ。

東小糸谷を下る

山頂で昼食です

おすすめの湯

湯神子温泉

　馬場島からの帰路、大岩方面にちょっと寄り道して、湯神子温泉に立ち寄りました。この温泉は、3百年ほど前から湧き続けている天然の湯なのです。かつては、須山川沿いに自噴していて、その湯を利用して、近隣の湯神子の人々が、田畑の帰りに馬や農具を洗っていたのだそうです。宿泊施設もあるこの温泉はとても広くて、ガラス張りの明るい浴室に、大きな内湯があり、洗い場もゆったりしていて清潔です。湯の成分は炭酸水素、マグネシウム、カルシウムの単純泉で、神経痛や婦人病に効能があります。あずまやの下の露天風呂は、石と檜づくりになっていて、湯に浸かって目を閉じると、中山の紅葉がまた浮かんできます。湯上りに、効能をさらに高めようと、売店で「ゆのみこオリジナル焼酎」も購入しました。

中新川郡上市町湯神子25
☎076-472-3111
営業時間●13時～22時
定休日●無休
料金●大人500円、小人（小学生）200円、
　　乳幼児100円

4 僧《そう》ケ《が》岳《だけ》

標高 1855.4m

参考コースの所要時間
約4時間

朝日、雪倉、白馬三山まで一望
山頂には山好きたちが集合

山頂からの眺めは壮観だ

「日帰り山歩き」の最高到達点は立山の弥陀ケ原（１９３０メートル）だけど、あれはバスで上ったもの。いくらかでも歩いて登ったところと言うと、三方岩岳の１７３６メートルだ。そこで今回は、到達点の記録更新に挑戦しようとなった。目指す山は１８８５メートルの僧ケ岳。

「きょうはしっかり食べてきました」という山岸カメラマンの隣で、ツナマヨサンドと納豆巻を交互に腹に詰め込みながら、つまようじに刺したチキンナゲットをせわしなく口に運ぶ寺崎春香さん。宇奈月温泉駅の手前を右折すると、烏帽子《えぼし》尾根の登山口へと続く林道を、落石をよけながらグイグイ飛ばして高度を稼ぐ。

宇奈月谷の切れ込みの上には、なだらかな烏帽子尾根が横たわっている。空は真っ青、天気は最高だ。

１０４３メートル地点にちょっとしたスペースがあって、車が１台

参考コース

【登り】1,280メートル・烏帽子尾根登山口(駐車場)▶1時間▶宇奈月尾根コース合流点▶50分▶前僧ケ岳▶10分▶仏ケ平▶20分▶僧ケ岳

【下り】僧ケ岳▶10分▶仏ケ平▶10分▶前僧ケ岳▶40分▶宇奈月尾根コース分岐点▶40分▶烏帽子尾根登山口(駐車場)

仏ケ平ではピンクのシモツケソウがお出迎え

ニッコウキスゲの黄色がまぶしい

群生していたゴゼンタチバナ

■おすすめの季節

仏ケ平にニッコウキスゲ(ゼンテイカ)が咲く7月半ばから末にかけてが人気が高いが、6月から10月いっぱい、いつでも楽しめる。

■アクセス

宇奈月温泉から宇奈月谷沿いに続く林道別又・僧ケ岳線で、峠の烏帽子山から続く尾根の登山口へ。

■アドバイス

林道は烏帽子尾根まで舗装されているが、残雪の状況次第では途中までしか上がれないので、事前に調べておくと良い。コースにはトイレ、水場はない。

■お問い合わせ

黒部市役所商工観光課
☎0765-54-2111
●国土地理院地形図
2万5千分の1地形図
「宇奈月」「毛勝山」

オレンジ色の紅葉も発見

登山道脇にはブナの実もいっぱい

薄紫色のオオバキボウシ

止められている。宇奈月尾根コースの登り口があるところだが、これをたどるのはちょっと厳しいので、さらにアクセルを吹かして、よく舗装された林道を1280メートル地点の烏帽子尾根登山口へと向かう。道路脇の駐車場には平日なのに車が5台、その下にも1台止められている。駐車スペースはさらに奥へと広がっていて、ざっと勘定しても数十台の車が止められるようになっている。

すぐ下の駐車場に車を入れる。眼下には扇状に広がる黒部川の河口一帯、さらに魚津、滑川、富山湾、そして能登半島。「私ちょっと食べ過ぎました」と言いながら身支度を始める寺崎さん。みんな、いつになく気合いを入れてスタートを切る。

先行者の足跡がたより

もちろん最初からブナ林の中に続く尾根道だ。ただ、どのブナも小木ばかりで、原生林に包まれてため息をついたりする、あのイメージではない。なだらかな尾根道を進むと、最初のぬかるみが現れる。通り過ぎるのに3メートル。どうやって靴を汚さずに通過しようかと、先行者が歩いた足跡を目で追う。ここは倒木の上に足を乗せながらやりすごす。小さなぬかるみが何度か現れ、仲間たちの「ぬかるみ体験」も豊かになったところで、行く手に沼が現れた。踏み跡はその沼の縁を危なっかしくたどるように付いている。ぬかるみが次第に大きくなって沼になってしまったので、仕方なく縁へ縁へと踏み跡がつけられたみたいなのだ。

ここから最初の急な登りが始まる。えぐられた段差の大きい坂にはロープが張られている。急とは言っても、「ちょっと急」というところ。これが少し続くと、再び緩やかな傾斜となる。小木のブナ林に包まれた尾根道は威圧感がない。明るく開けたところのすぐ先で、宇奈月尾根コースが左から合流する。右前方には前僧ケ岳が間近に迫っている。「今日は高い山を目指しているって感じしますね」と寺崎さん。「山歩きって言うよりも、登山してるっていうか」と山岸カメラマンも目を輝かせる。

急坂をロープを使って登る

達成感もとめて 長い登りへ

山腹に沿ってほとんど水平につけられた道を、谷を見ながら左手へとぐるりと回り込む。まず現

写真中央のやや右側が僧ケ岳、左隣が駒ケ岳。左奥遠景は白馬岳、雪倉岳などの眺望。

沼の縁をたどりながら歩く

れたのは黄色いニッコウキスゲ。そのすぐ先の枯れた池塘《ちとう》の脇には白いゴゼンタチバナが群生し、その隣には、これも真っ白なツマトリソウが1輪咲いて迎えてくれる。ここでこの日最初の下山者とすれ違う。お父さんと娘さんの2人連れのようで、まっすぐ宇奈月尾根を下って行った。

道は鋭角にUターンするような格好でなだらかに続き、前僧ケ岳への登りコースと、仏ケ平までの巻き道となっている昔の鉱山道との分岐にさしかかる。「ここはやっぱり前僧ケ岳方面でしょ。達成感が違いますよ」と意外にも山岸カメラマンから声がかかる。「そうですね、やっぱり達成感ですよね」となったところで、楽をするのをあきらめて、この日2度目の長い登りを開始する。フーッと肩で息を

して、汗をひとぬぐい、ほぼ登りも終わったところで年配の女性2人とすれ違う。

前僧ケ岳に出ると、まず目に飛び込んできたのは、黒岩山から長《なが》栂山《つがやま》、朝日岳へと続く尾根だ。その右隣には雪倉岳、そして白馬、杓子、鑓《やり》の白馬三山まで目で追ったところで、手前の駒ケ岳に遮《さえぎ》られる。それから初めてさらに手前にある僧ケ岳のかわいい頂に目が向けられる。「カワイイーッ」と叫びながら、仏ケ平へと駆け下りる寺崎さん。仏ケ平は、広がりはさほどでもないけれど草原状になっていて、ピンクのシモツケソウとニッコウキスゲが彩りを添えて、目を楽しませてくれる。

駒ヶ岳からのタフな「下山者」

ここから僧ケ岳の山頂まではほんのひと息だ。もちろん先頭は寺崎さん。大きな歩幅でイッキに飛ばして「頂上ですよ」。記録更新」と我々に合図してくる。山頂にいた年配の男性がびっくりして振り返ったところで寺崎さんと目を合わせ、「ひょっとしてアクタスの」と声がかかる。

男性は魚津市からやってきた新田川明さんで、ずっとアクタスを購読しているとのこと。山々を眺めながらしばらく話をしているところへ、駒ケ岳の方から1人、また1人、続いて2人連れと、年配の「下山者」が僧ケ岳へと戻ってくる。僧ケ岳から駒ケ岳へは往復3時間はかかるのだが、みんな実にタフな方ばかり。フルマラソンをやっているという高岡のオジさん、名古屋からやってきた2人連れ、お孫さんといっしょに登ってきたおじいちゃん。あれあれと言う間に、狭い山頂は好天に誘われた山好きたちでひしめきあっていた。

おすすめの湯

宇奈月温泉会館

山から下りたら、たまには地元に明るい地元人間ぶって、汚れたまま銭湯感覚の温泉に向かうのも気分がいいものです。というわけでタオルを片手に向かったのは、宇奈月の温泉街にある宇奈月温泉会館です。3階建ての会館の1階にある公営公衆浴場は、昭和39年から変わらない、こじんまりとした温泉銭湯で、番台で慣れたふりをして料金を払ったら、脱ぐものを脱いで浴槽へ直行です。宇奈月温泉の源泉はすべてトロッコ電車に乗らないと行けない黒薙川の河原に湧く91度の熱い源泉を引いたもので、無色透明の湯船の中もかなり熱めです。先に入っていたおじさんのまねをして、水で埋めながらサッと入って汗を流し、通ぶってサッと出ました。とはいえ湯上りはなかなかしっとりしていました。

黒部市宇奈月温泉431-2
0765-62-1734
営業時間●9時～22時
(12～3月は9時～21時)
定休日●月曜(祝日の場合は営業)
料金●大人350円

5 金剛堂山《こんごうどうざん》

標高 1637.9m

参考コースの所要時間
約4時間40分

燃える紅葉、山肌まぶしく
登山者でひしめく人気の山

紅葉の中は
景色が次々と
変わります

最後の集落を抜けると百瀬川《ももせがわ》に竜口谷《りゅうこうだに》が合流する。まもなく道は未舗装となり、すぐに栃谷《とちだに》登山口にさしかかる。沢水を引いた立派な水場、頑丈そうなトイレ、そして広い駐車スペース。前を走っていた中型バス2台は、その広場からさらに南へと続く林道を東《ひがし》俣峠《またとうげ》の方へ向かって行った。

百瀬川の川幅は6~7メートル、大きなH鋼を渡した橋が架けられている。それを渡ると山歩きの始まりだ。栃谷に沿った道はゆるやかなS字を描き、すぐにホオノキ、サワグルミの巨木群が現れて谷全体を薄暗く包む。

紅葉まで1時間

「今回は本格的な登山って感じですね」と山の雰囲気をすばやく読み取る小川明日美さん。一方山岸カメラマンは「紅葉大丈夫ですかねえ」と心配そうに振り返る。この日の彼は「紅葉・命」。もちろん私もそうだが、私の場合は

金剛堂山

参考コース
スタート 栃谷登山口 ▶1時間40分▶ 1346メートルピーク ▶1時間▶ 金剛堂山(前金剛) ▶2時間▶ 栃谷登山口

変わった形のアキギリ

真っ赤なナナカマドの実

■おすすめの季節

6月末から10月いっぱい楽しめるが、山頂一帯の草原を楽しむには9月中旬から10月末にかけた秋が一番。

■アクセス

北陸道砺波インターから国道156号線で小牧発電所方面へ。発電所を過ぎ、金屋トンネルを抜けたら左へ下り、藤橋を渡って国道471号線で利賀に向かう。飛翔の郷から新楢尾トンネルを抜け、T字路にぶつかったら右折、百瀬川沿いに進むと栃谷登山口の前に出る。

■アドバイス

登山口には広い駐車場と立派なトイレ、避難小屋、そして水場もある。登りを楽にしようと思ったら林道をさらに進み、東俣峠から登ることもできる。この峠にもトイレがある。

■お問い合わせ

南砺市役所林政課
✆0763-23-2033
南砺市役所利賀行政センター
✆0763-68-2111
●国土地理院地形図
2万5千分の1地形図
「白木峰」

「利賀そば・命」も混ざっている。

沢を一跨《またぎ》ぎすると大きなジグザグの上りが始まる。ブナの小木が姿を見せたら丸太の階段となり、ひと上りする度にブナも大きくなって行く。そして登山口から1キロの案内標識が立てられているあたりになると、もう十分目を見張る巨木となる。が、それには目もくれず「紅葉まだですか」を繰り返す山岸カメラマン。

「あと1時間も歩けば見られますよ。1300メートルあたりから」「えーっ、まだ1時間もかかるんですか」

そんなやりとりをしながら再び丸太の階段上りに入る。ひとかかえもあるウダイカンバの脇を過ぎると、その先から道は樋状《といじょう》になる。狭くなった樋の底を辿《たど》ったり淵を大股開きで進んだりして急坂を乗り越すと、登山口から2キロの標識が現れた。北側が開けていて、竜口谷を隔てた向かいの山腹一帯が色づいているのが見える。これを目にして、なんとか落ち着きを取り戻す山岸カメラマン。小川さんは、「今日は長く歩いている割にくたびれませんね」と道々の変化を楽しんでいる。

ここからしばらくはブナの原生林にため息をつきながらの歩きが続く。その樹林帯を抜けて少し上ると、木々の丈が次第に低くなってくる。

行く手に燃えるようなハウチワカエデが見える。「みごとですね」と、小走りに近づいてレンズを向ける山岸カメラマン。それを眺めながら道草を食っている仲間たち。みんなを置いて、その先の明るく開けたところへと向かっていると、「あっ、鳥がいる」と小川さんの声がする。「どれどれ」と引き返してよく見ると、ハウチワカエデのすぐ後ろにあるブナの枝に、ブナと見分けがつかない色をした大きな鳥がとまってじっとしている。「フクロウかなあ」「いや、木に化けてじっとしている鳥、なんてったっけ」

大勢のハイカーが中金剛に向かって歩く

と、野鳥オンチ同士で大騒ぎ。それでも鳥は、ピクリともせずに木に化けたつもりでいる（あとで聞いたらトラフズクというフクロウの仲間だと分かった）。黄色く色づいているのはオオバクロモジとヒトツバカエデ。とどめは真っ赤なコミネカエデ。その先の道が崩れて開けたところまで出たら、雲間から陽が差し始める。そこからは大きな下りになっていて、上り返すと見晴らしもグンと良くなり、さらにひと上りで山頂（前金剛《まえこんごう》）に出た。

ブナの原生林の中を進む

大勢の人に圧倒

ザックを下ろそうとして「えっ」となる。山頂は昼食をとっている大勢の人たちであふれているのだ。どうやらあのバス2台のグループのようだ。東俣の登山口から奥金剛を経てやって来たのだ。これに圧倒されて、下ろしかけたザックを担ぎなおして「この先まで行きましょう」と、チシマザサとオオ

微動だにしないトラフズクを発見

真っ赤に色づくハウチワカエデ

草原の中で一休み

コメツツジに覆われた草原を中金《なかこん》剛《ごう》の方へと足をのばす。加賀藩の支藩だった富山藩では、この山を西白《にししろ》木峰《きみね》と呼んだのだそうだ。白木峰ほどの広がりはないが、なだらかな尾根が、中金剛、そして奥金剛へと続いている。

中金剛の手前に畳3枚ほどの小さな池（池塘《ちとう》）が現れて、イワイチョウが季節はずれの白い花をつけている。その先の道が広くなったところで腰を下ろし昼食にする。

片付け始めたところへ、山頂からグループが引き返してきた。「こんにちは」が飛び交い、年配の方々30人余りが軽やかに元来た東俣峠の方へと帰って行った。

山頂には方位盤

「では、我々も」と、山頂に引き返す。石づくりの立派な祠《ほこら》と直径2メートルもある方位盤、そして金剛堂山と彫られた石柱、いわれが刻まれた碑。それらが広い山頂ににぎやかに置かれている。晴れていれば剱岳、乗鞍岳、そして白山までぐるりと見渡せるのだが、この日はあいにくの曇り空。その雲の向こうにある山々を想像しながら、のんびりと休憩をとる。

登山口まで引き返したら近くにある天竺《てんじく》温泉に直行だ。ゆっくりと汗を流し終えると、残る課題は「利賀そば・命」だけ。タイミングよく夕方から営業するという店を教わって駆けつけ、はやる気持ちを抑えながら、店の奥に向かって「天ざる4人前」と声をかけた。

色づいた山を歩く。左が金剛堂山

耳をあてると何か音が聞こえてくるよう

おすすめの湯

天竺温泉の郷

利賀地区のおすすめは「利賀そば」にしようと思っていましたが、そばをご馳走になる前に、汗を流そうと立ち寄った天竺温泉がすっかり気に入ってしまいました。

場所は上百瀬の集落から百瀬川を対岸に渡り、山腹を少し上ったところ。金剛堂山の麓1100メートルの深さから湧き出る湯はアルカリ性で、美肌、神経痛、疲労回復などに効果があるのだそうです。とりわけみんなが気に入ったのは、檜づくりの露天風呂。今しがた歩いてきたばかりの尾根を眺め、熱くもぬるくもない湯に浸かりながら、「いい湯ですね。ここ一押しにしましょう」となりました

もちろん、そのあとでいただいた「そば」も味わい深いものでした。

南砺市利賀村上百瀬482
☎0763-68-8400
営業時間●10時～21時
定休日●水曜
料金●大人（中学生以上）600円
　　　小人（小学生）300円

6 白木峰《しらきみね》

標高 1596m

参考コースの所要時間
約2時間5分

ナナカマドの赤い実がお迎え
山頂一帯はほれぼれする草原

木道からは
潅木帯や草地が
見渡せる

２００２年、ニッコウキスゲの群落を見ようと出掛けたものの、天候の急変で中止。今年こそはと再度計画したら、梅雨が明けずに行き先を変更。相性が悪いのか、白木峰のガードがかたいのか、どうもうまくいかない。そこで、ニッコウキスゲも終わり、紅葉見物にはまだ早いこの時季、つまり「ハイカーなんて来るわけがない」と白木峰が油断しているスキをついて登ることにした。

八尾の町を抜け、大長谷《おおながたに》川沿いに岐阜県境へと向かう。最後の集落・庵谷《いおりだに》を過ぎて少し進むと、左手に「白木峰・21世紀の森」という案内板が現れる。ここを左折して、杉ケ平《すぎがだいら》キャンプ場からグングン高度を稼ぐと、トイレのある広場に出る。前年、車の中で1時間以上天候の回復を待った因縁の登山口だ。思った通り、1台の車も止まっていない。白木峰も油断しきっているようで、天候も申し分ない。

参考コース スタート 駐車場 ▶45分▶ 白木峰 ▶10分▶ 三段の池 ▶15分▶ 前白木峰 ▶25分▶ 白木峰山荘 ▶30分▶ 駐車場

薄紫色のアキギリ

白いダイモンジソウ

木道の脇に咲くリンドウ

イワイチョウ

アキノキリンソウ

■おすすめの季節

ニッコウキスゲ（ゼンテイカ）が咲き乱れる7月末がおすすめ。草原が色づく紅葉の季節もすばらしい。

■アクセス

北陸自動車道小杉インター下車、国道472号線で八尾を経て大長谷方面へと向かい、栃折を経て庵谷集落を過ぎて少し進むと、左手に「21世紀の森・白木峰」の案内が現れる。それに従って杉ケ平キャンプ場を抜け、トイレがある車止め駐車場へ。

■アドバイス

富山と岐阜の県境ということもあり、天候が変わりやすいので、事前の予報チェックは慎重に。水場はキャンプ場に、トイレは車止めと白木峰山荘にある。

■お問い合わせ

富山市役所八尾総合行政センター
☎ 076-454-3111
●国土地理院地形図
2万5千分の1地形図「白木峰」「利賀」

秋の到来を感じながら

「それじゃあ」と、手早く身支度してスタートする。いきなり丸太の急階段が現れる。30段ほど上っただけで、早くも息が上がる。ナナカマドが真っ赤な実をつけて迎えてくれると再び上り。汗が噴き出し始めると、最初の林道に出た。振り返ると真っ逆さまの急斜面で、その下の方に駐車場が小さく見える。

フーッと一息ついて、もちろん一服。爽《さわ》やかな風に気をよくして、次の斜面に取り付く。足元には薄紫のアキギリ、続いて白いダイモンジソウが現れる。小さな岩を二つ乗り越すと、砂混じりの滑りやすい斜面になって再び林道に出た。ここからの登りは、ロープにつかまって取り付く。やがて丸太の階段がなくなり、うっそうとしたブナ林の中に自然のままの道が続く。

最後の林道から上は、丈の短い潅木《かんぼく》と草地が広がり、緩い傾斜の真ん中に木道が延びる。その木道をたどっていると、黒いものがブーンとブーメランみたいに唸《うな》りを上げながら、ものすごいスピードで目の前を横切って行った。鳥のようだが、野鳥オンチには、何という鳥だか分からない。空に目をやると、ツバメを大きくしたような、鎌形《かまがた》をした羽をもつ鳥が何羽も空中旋回している（あとで、これはアマツバメという鳥で、夏場から秋にかけて、高山帯などに現れるのだと知った）。

ヘリポートが現れると、山頂は間近だ。木道の脇にはリンドウが、そのすぐ先に

立派なブナ林が続く

グングン高度を稼ぐ

ロープにつかまって急坂を上る

21世紀の森入り口

丸太の急階段を上る

は黄色いアキノキリンソウが、夏場の賑《にぎ》わいが去ってホッとしたように咲いている。そして、木道から小さく乗っ越すと、どこまでも広がる大草原に飛び出した。

山頂からの見晴らしは最高

山頂は左手すぐ先の小高い丘だ。御影石《みかげいし》で作られたりっぱな方位盤があって、その方位盤をテーブルに見立てたように、これも御影石のベンチがぐるりと囲んでいる。周囲の山々は全体に霞《かす》んでいるが見晴らしは申し分ない。

一息入れたところで、浮島の池へと向かう。一帯は高層湿原というのだろうか、広々とした草原のあちこちに池塘《ちとう》が点在している。池には、イグサを短

イグサに似たホタルイが
群生する池

山頂からの見晴らし

くしたような、ホタルイが群生し、その周りにはイワイチョウが白い花をつけている。

さらに足を進めるとちょっとした下りになって、すぐ下に三段の池が現れる。もちろんその先にも、ほれぼれするような草原が続いている。とにかく心地良くて、どこまでも歩いていたくなるのだ。「せっかくだから、もう少し行ってみよう」と木道伝いに前白木峰まで足を運ぶ。ところが、ここから先にも、万波《まんば》の方に向けて延々と木道が続いている。紅葉の季節なら一日遊んでも飽《あ》きないだろうと思うと、まだまだ先まで行ってみたくなるが、時計の針は1時半を回ってしまった。そろそろ昼にしようと、白木峰山荘へと向かい始めたら、突然ガスが出てきた。

小屋の中はとても広い。ニギリメシにいなり寿司《ずし》、みそ汁にサキイカ。腹いっぱいになったら、あとは下るだけだ。駐車場に下り立って振り返ると、白木峰はすっかりガスで覆われていた。

方位盤をテーブルにして小休止

ナナカマドを手にする山下めぐみさん

草原に浮かぶ三段の池

おすすめの湯

白木峰山麓交流施設 大長谷温泉

白木峰の麓を流れる大長谷川は神通川の支流・井田川の上流です。この川沿いに、小さな大長谷地区の集落があります。一帯は、豊かな自然が残る山奥で、住民の大半が田畑仕事に従事しています。この集落を元気にしようと地元の方々の要望で作られたのが、白木峰山麓交流施設・大長谷温泉です。21世紀の森の近くにあって、平屋の小さな建物が周囲の自然に溶け込んでいます。浴室はガラス張りでとても明るく、小さな岩風呂が隣り合わせに見えます。さっそく岩を積んで造られた露天に入って、板塀の上に見え隠れする木立に目を移します。湯は単純アルカリ泉で、出たあとも湯ざめしません。地元に暮らす人たちの半分以上が、毎日のように通っている大長谷温泉。湯上り後も、囲炉裏のある休憩所で交流を深め合っています。

富山市八尾町杉平12　☎076-458-1008
営業時間●10時～19時(7、8月は10時～20時、12～3月は10時～17時)
定休日●木曜
料金●大人500円、小人300円

7 高落場山《たかおちばやま》

標高 1122m

参考コースの所要時間
約3時間45分

直径1メートル、樹齢300年 息をのむブナ樹林帯の美しさ

静寂に包まれた縄ケ池

初めて高落場山に足を踏み入れたのは6月のこと。人形山《にんぎょうざん》に、民話として語り継がれている「姉妹が手をつないだ形の残雪」が現れたと聞いて、五箇山《ごかやま》トンネルの真上にあるこの山に出掛けたのだった。

福光インターから城端《じょうはな》を経由して、高清水《たかしょうず》林道に入る。あずまやを過ぎて少し行くと、旧五箇山街道が交差する若杉集落跡にさしかかる。この街道は五箇山と城端を結んだもので、村人が繭《まゆ》を背負って、あるいは硝石《しょうせき》や食料を背にした牛馬が行き来した道で、多分流刑者《るけいしゃ》もこの道を平村田向の流刑小屋へと送られて行ったのだろう。

唐木峠でブナの樹海を望む

石畳をしばらく進むと、唐木《からき》峠にさしかかる。まっすぐ進むと人喰谷《ひとくいだに》から五箇山へと続く街道がある。ここを左の高落葉山の方

高落場山

参考コース スタート 若杉集落跡 ▶20分▶ 唐木峠 ▶1時間30分▶ 三差路 ▶5分▶ 高落場山 ▶30分▶ 日溜峠との分岐 ▶40分▶ 森林公園総合センター ▶40分▶ 若杉集落跡

■おすすめの季節

縄ケ池にミズバショウが咲く4月中旬頃から紅葉の季節、晩秋までいつでも楽しめる。

■アクセス

東海北陸道福光インターから国道304号線で平村方面へと向かい、案内に従って左折、高清水林道を「つくばね森林公園」へと向かう。あずまやを過ぎるとすぐ若杉集落跡の記念碑の前にさしかかる。旧五箇山街道の登山口はここから。急登を回避したい場合は、さらに林道を進み、日溜峠から山頂へのコースもある。

■アドバイス

日溜峠から歩く場合、駐車スペースのすぐそばに明瞭な踏み跡があり、そこを辿ると途中でつくばね森林公園からの道が合流する。若杉集落跡からの道は急坂の上りがあるが、途中息を呑むような見事なブナの樹海が待ち受けている。水場、トイレは、森林公園売店脇にある。

■お問い合わせ

南砺市役所林政課　✆0763-23-2033
南砺市役所城端行政センター　✆0763-62-1212
●国土地理院地形図　2万5千分の1地形図「下梨」

ササユリ

エゾアジサイ

森林総合センターにはモリアオガエルの卵も

頂上近くの登山道から下界を見下ろす

涼しげな夫婦滝

へと進み、杉の植林地の中の急坂を上るとユキツバキが現れ、やがてブナの原生林の真っただ中にさしかかった。どの木も直径1メートル前後、高さは40メートルを超すものばかり。なんとも言えない神秘的な美しさだった。

この日はここで下り、次の週のこと、そんなため息が出るブナ林を訪ねてまた高落場山に出掛けた。若杉集落跡から旧五箇山街道をたどるのは、ちょっと骨が折れるので、車道を利用して縄《なわ》ケ《が》池《いけ》から日溜《ひだまり》峠へと向かった。ワラビとタラノ芽の出迎えという、時季的にはちょっと信じられないスタートだが、ほんのひと登りで森林公園総合センターからの登山道に合流する。

5分も歩かないうちにブナ林真っただ中にさしかかる。がこれで「おつかれさまー」というわけにはいかない。とにかく山頂を目指して歩き始める。旧五箇山街道からの登山道と右手で合流したところで、巨大ブナの樹海見物に唐木峠の方にひと下り。「オオーッ」。「ホーッ」。みんな唸《うな》り声に近いため息を発して、しばらくは放心状態。

そこへ唐木峠の方から4人の女性グループが登ってきた。高岡ハイキングクラブの方たちで、「クマが心配で」と大きな鈴を鳴らしながら山頂へと向かう。

ブナの原生林の中を進む

にぎやかに山頂で昼食

この日の山頂はにぎやかだ。このグループのリーダーが小声で「ホントのこと言うと昭和6年生まれ。みんな私より一回り以上若いわ」と教えてくれる。このクラブでは、高落場山に連なる32キロに及ぶ峰々を「砺波《となみ》アルプス」と呼んでいるのだそうだ。

何はともあれ昼飯だ。ニギリメシと水だけの私たちとは違って、冷凍ミカン、生ハム、巨峰、小魚の甘露《かんろ》煮。出てくる出てくる、これはもうお母さんたちでなくては実現しない「山の幸」なのだ。次から次とさし入れを受け、あれやこれやと山の話に花が咲く。「戦争、復興、子育てで過ぎてしまってね。だから今、青春しているわけ」とリーダー。中高年登山ブームの本質に迫る一言は説得力がある。

沢にサンショウウオが

ごちそうになったお礼を言って、一足先に日溜峠へ下りる。ミズバショウの時季は終わったけれど、ちょっと縄ケ池を見てこようとなる。巨大なミズバショウの葉っぱを眺めながら池の入り口から沢沿いの道を進むと、小さな橋にさしかかる。サンショウウオが2匹、水中で動いている。縄ケ池の広さは1500坪ほどだが、水深が10メートルもある。水際では、あのちょっとグロテスクな格好のサンショウウオが群れている。

引き返して、つくばね森林公園の「森林総合センター」に立ち寄る。玄関前の池に突き出た木々の枝には、石鹸《せっけん》の泡をすくってくっつけたようなモリアオガエルの卵がぶら下がっている。「高落場っていうのは、倶利加羅《くりから》の戦いに敗れた平家の人たちが落ち合った場所って言われているね」と、管理人が教えてくれた。一帯にはキャンプ場もあって、家族連れやグループで森林浴を楽しめるようになっている。少し下って、夫婦滝見物をしたら、その先の林道脇にある「命水」で喉《のど》を潤し、温泉へ一直線。熱くもなくぬるくもなく、46度の温度をきちっと保っている法林寺温泉と、露天風呂がある、ぬく森の郷のハシゴと決め込んだ。

命水でのどの渇きを潤す

山頂で、ハイキングクラブの方々にお弁当のおすそ分けを頂く

縄ケ池でサンショウウオを見つけた

おすすめの湯

福光医王山温泉 ぬく森の郷

威風堂々《いふうどうどう》とした大きな三角屋根に、白の漆《しっ》喰《くい》壁、太い梁《はり》。砺波平野に多く見られる吾妻《あづま》建の大きな家屋をイメージした外観が目を引く「ぬく森の郷《さと》」。

広い敷地に設けられた男女別の露天風呂も巨石を積み上げた豪壮な造りで、約32畳もの広さを誇る。倶利伽羅山《くりからやま》や宝達山《ほうだつさん》などを眺めながらお湯に入ると、大自然との一体感が味わえる。

毎分300リットルの湯量を誇る温泉はアルカリ性単純温泉で、神経痛や筋肉痛などに効能がある。男女のお湯を週ごとに入れ替える仕組みなので、湯船や眺望に違いがあるどちらの浴場も体験したい。

施設内では、地元農家が栽培した季節野菜や農産物加工品を販売する農産物直売コーナーが人気を呼んでいる。また、飲食スペースでは、炭火でじっくり焼き上げたイワナの塩焼きが好評。湯上がりにゆっくり楽しみたい味覚である。

南砺市小又311　✆0763-58-8008
営業時間●9時～22時(冬季は9時～21時。いずれも受付は閉館30分前まで)
定休日●火曜(祝日の場合は翌日)、1月1日
料金●【平日18時まで】大人500円、小学生300円【土・日・祝18時まで】大人600円、小学生400円【18時以降】大人400円、小学生200円

8 立山《たてやま》・弥陀《みだ》ケ《が》原《はら》湿原《しつげん》

標高 1930m

参考コースの所要時間
約1時間20分

標高2000メートルの湿原
可憐に咲き競う花畑を満喫

爽やかな
風が吹き渡る
湿原を行く

高原の爽《さわ》やかな風と雄大な山々に抱かれながらお花畑の中を歩こうと、立山駅のケーブル乗り場へ向かう。随分と人がいる。一気に2000メートルを超す高原まで運んでくれる立山・黒部アルペンルートの人気は想像以上だ。

ケーブルで弥陀ケ原へ

「昼は現地調達」と安易に考えてケーブルに乗り込む。ケーブルはグングン高度を上げ、あっと言う間に美女平《びじょだいら》に着く。バスを乗り継ぎタテヤマスギの巨木群を抜け、七曲がりにさしかかると、景観は高原のそれに一変する。

美女平から30分ほどで、標高1930メートルの弥陀ケ原に着く。下車したのは我々4人のみ。バス停の周辺には想像していたビールとかおでん、焼き鳥というような、食料が現地調達できる露店などひとつも出ていない。

落胆の色を隠して、とにかくひんやりとした爽やかな空気の中

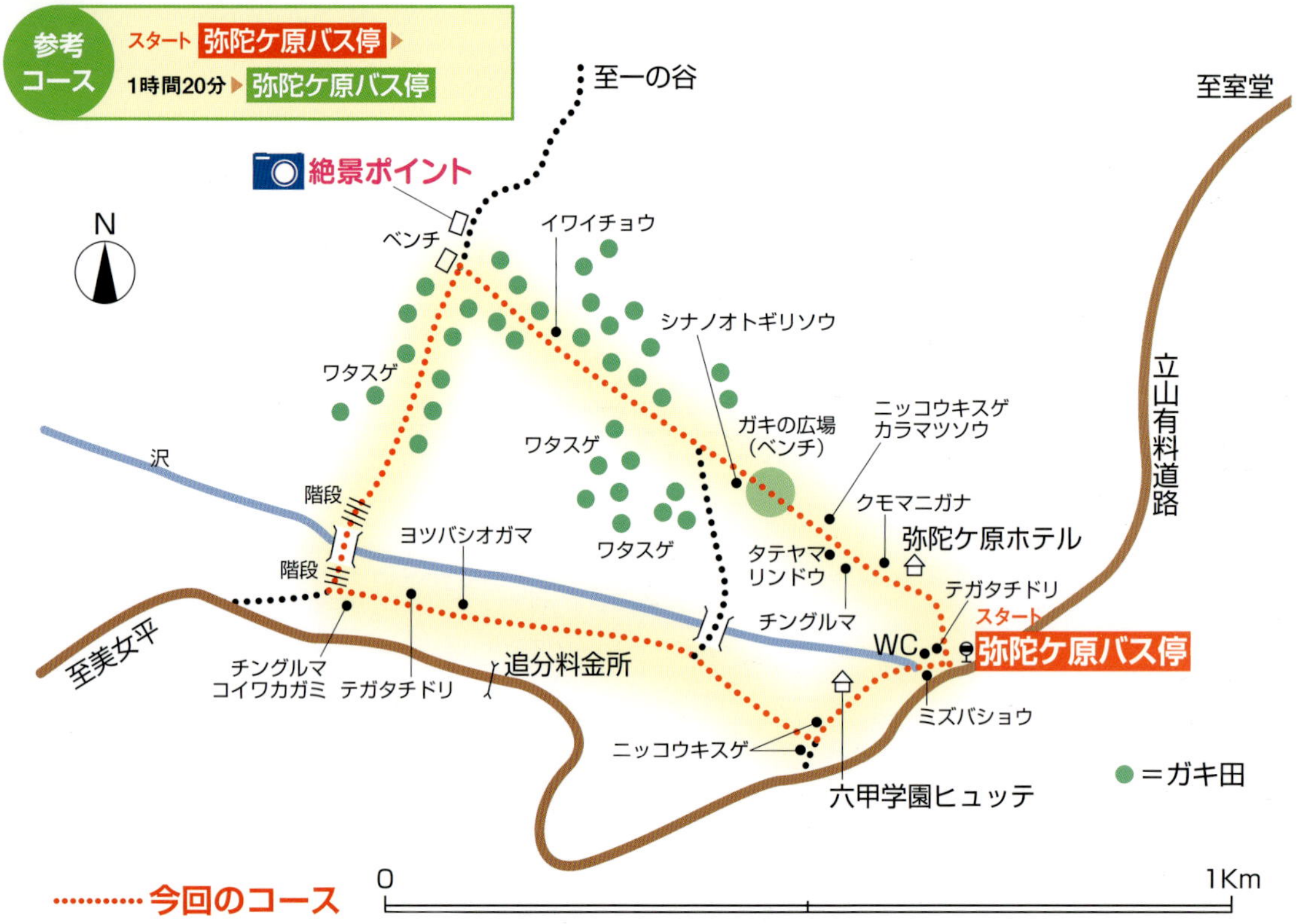

カラマツソウ

チングルマの花

イワイチョウ

チングルマの実

ワタスゲ

シナノオトギリソウ

■おすすめの季節

高山植物が咲き乱れる7月中旬から8月中旬がおすすめ。9月中旬から始まる紅葉もすばらしい。

■アクセス

北陸道立山インターから県道6号線で富山地方鉄道立山駅へ。そこからケーブルと高原バスを乗り継いで、弥陀ヶ原で下車。

■アドバイス

高低差がほとんどないので、花や景色を楽しみながら、のんびり周遊するのが良い。2千メートル近いところなので、雨具、上着、手袋などは忘れないように。トイレは、弥陀ヶ原駅にある。

■お問い合わせ

立山町役場商工観光課
☎ 076-462-9971
●国土地理院地形図
2万5千分の1地形図
「立山」

弥陀ケ原ホテルの脇から湿原へ延びるガキ田コースのスタート地点

湿原に広がるクモマニガナの群落

弥陀ケ原湿原への玄関口・
弥陀ケ原バス停

を、湿原に延びている立山道《たてやまどう》・ガキ田《だ》コースへと足を踏み入れる。「ガキ田」というのは池塘《ちとう》のことで、「餓鬼《がき》道に落ちた者たちが田植えをするところ」という立山曼荼《まんだ》羅《ら》の地獄《じごく》・極楽《ごくらく》絵図《えず》からつけられた呼び名らしい。

まず入り口に、黄色いクモマニガナ、続いてチングルマの実。どこに実があるのか疑問だが、「バシッ、バシッ」とシャッターを切る。すぐ隣に目をやると、白い可憐《かれん》なタテヤマリンドウが咲いている。これも、「バシッ」、とやるものだから、なかなか先へ進まない。もたもたしている私たちのあとからやって来た3人連れが、お先にと追い越して行った。

立山の自然を満喫

ガキの広場と呼ばれるところにベンチがあって、ニッコウキスゲが小さな群落を作って咲いている。ベンチの前にはシナノオトギリソウ。少し先へ進み、左手に最初のガキ田が現れると、真綿をちぎってくっつけたようなワタスゲが目に飛び込んでくる。広がる湿原のむこうには、右手から屋根形の奥大日岳《おくだいにちだけ》、中大日岳《なかだいにちだけ》、そして大日岳の大日連山が私たちを誘惑している。

白いイワイチョウが顔を見せ始めると、コースはT字路にぶつかる。ベンチで休憩していると、イワイチョウを写して追いついてきた仲間に「昼飯どーするんですか」と詰問される。「うーん」と天を仰いでいると「うまいカレー屋さん知ってるんです。2階に山の道具とか、写真を展示してある店なんですけどね」「いいですね。それいきましょー」と一同賛成。すると急に腹

標高 1930m を示す弥陀ケ原の案内板

ニッコウキスゲの花が一面に広がる

が減って来て、なんだか足取りが早くなる。

沢筋に小さく下って登り返すと、白いチングルマが咲いているのを発見。そのすぐそばにはピンクのコイワカガミ。ゆるやかな登りを過ぎたところで、テガタチドリを見つける。ハクサンチドリの花の部分を3倍ほどに長くした薄紫の花でランの一種である。そのすぐ先になつかしいヨツバシオガマ……。

「写真撮るのもうやめましょう」と声高に宣言した矢先、ニッコウキスゲの見事な群落にでくわす。さらには六甲学園《ろっこうがくえん》立山ヒュッテのすぐ上に雪渓《せっけい》が少し残っていて、その冷たい水に守られるように咲く季節はずれのミズバショウ。これには脱帽して、しっかりレンズを向けて「バシバシッ」とやった。

ミズバショウと雪渓（後方）

タテヤマリンドウ

コイワカガミ（ピンクの花）

テガタチドリ

ヨツバシオガマ

最後はカレーを食す

立山駅に下り立ったところで称名滝《しょうみょうだき》方面にある「クムジュン」へと向かう。チキンカレーをたのみ、ちょっと2階に上がってみる。すぐ左手に佐伯富男《さえきとみお》さんの写真が飾られている。昭和31年の第1次南極観測隊員に、立山ガイド5人が選ばれた。その一人がこの富男さんだった。その隣には名ガイド佐伯宗作《むねさく》さんの写真。

実はこのカレー屋さんのご主人高男《たかお》さんのおじいちゃんは、「剱《つるぎ》の神様」と呼ばれた佐伯文蔵《ぶんぞう》氏なのだ。富男さんはお父さん。伯父さんは文蔵さんから剱沢小屋を引き継いでいる登山家の友邦《ともくに》さん。そして高男さんもガイドをやっているという。少し山に入れ込んだ人ならたいがい文蔵氏の名前とその偉大さは知っている。うーん、と唸ってチキンカレーをほお張ると、これがまたなんともうまい。一同示し合わせたように目と目が合って、思わず、うーん、と唸った。

湿原で小休止

大日連山の山並み

湿原に点在するガキ田

おすすめの湯

粟巣野温泉 グランドサンピア立山

立山駅のすぐ近く、雷鳥バレースキー場のそばに、粟巣野温泉 グランドサンピア立山という宿泊施設があります。ここの湯は、立山方面の山を歩いた帰りに立ち寄る大好きな温泉のひとつです。施設のすばらしさはもちろん、温泉がとにかく豪華なのです。全身浴、寝湯、打たせ湯、圧注浴、泡沫浴、そしてもちろん気に入りの露天風呂と6種類の湯めぐりが楽しめます。サウナは標準的なものと箱蒸しサウナの2種類があります。立山の山麓を眺めながら、ぬるめの湯に浸かり、ぼんやりしている時、これこそ極楽というものです。

富山市原3-6 ✆076-481-1126
営業時間●10時30分～21時(受付20時30分まで)
定休日●無休
料金●大人(中学生以上)700円、小人500円

9 大《おお》品《しな》山《やま》

標高 1404m

参考コースの所要時間
約3時間25分

ブナやスギの樹林が心癒やす ゴンドラ遊泳、温泉も満喫

森林浴を楽しみながら歩く

ゴンドラ、温泉のセットがお得

北國アクタスの「日帰り山歩き」が始まったばかりの頃、大品山と峰続きの瀬《せ》戸《と》蔵《くら》山に行ったことがある。ゴンドラリフトで山頂に上がり、龍神《たつがみ》ノ滝《たき》や百間滑《ひゃっけんなめ》と呼ばれる一枚岩の川床で遊びながら、立山山麓家族旅行村に下り立った。

その時は「あと2時間あれば大品山まで行けるのに」と、後ろ髪を引かれながら歩いた。以来、近くに出掛けるたびに大品山のことが気になっていたが、時間がなかなか取れずにいた。

「ゴンドラで往復して時間を短縮するっていうのはどうですか」。

思いもつかなかった提案をしてくれたのが山歩き仲間の森はづきさんだ。これに、情報通の上腰カメラマンの「ゴンドラの往復券と温泉入浴がセットになったお得チケットっていうのもありますよ。近くに5カ所温泉があってどこでも入れるんです」という一言が加わり、「それで行きましょう」とすぐに

参考コース スタート **ゴンドラ山頂駅** ▶20分▶ 森林浴広場 ▶20分▶ **瀬戸蔵山** ▶30分▶ **タテヤマスギの巨大な根** ▶30分▶ **大品山** ▶50分▶ **瀬戸蔵山** ▶30分▶ **ゴンドラ山頂駅** ▶10分▶ **ゴンドラ山頂展望台(幸せの鐘)** ▶15分▶ **ゴンドラ山頂駅**

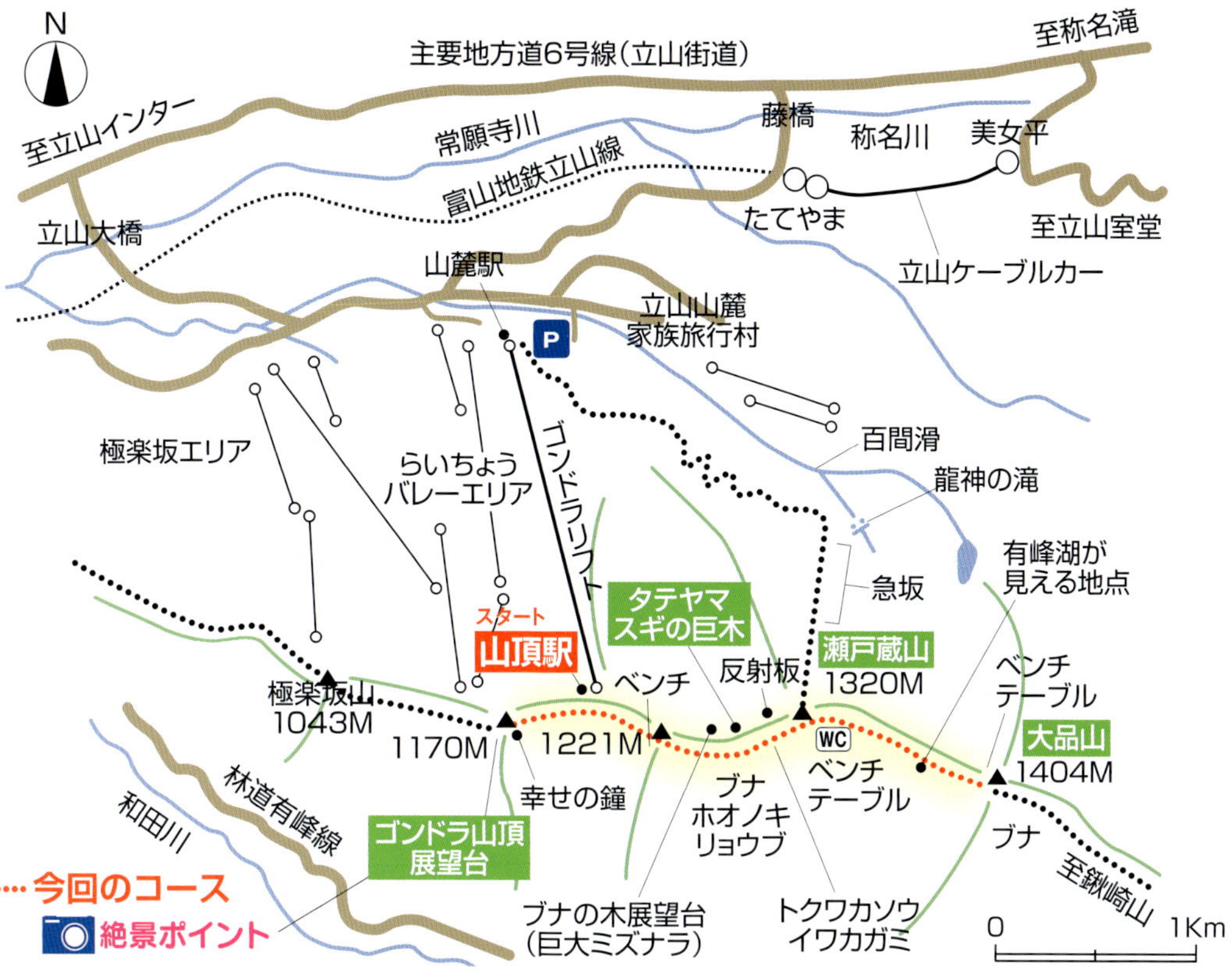

■おすすめの季節

雪解けの5月末頃から紅葉の10月いっぱいいつでも楽しめる。

■アクセス

北陸道立山インターから富山立山公園線(主要地方道6号線)で立山駅方面に向かい、少し手前の立山大橋を渡って、立山山麓スキー場・らいちょうバレーエリアのゴンドラ乗り場がある駐車場へ。

■アドバイス

クマよけの鈴は忘れずに。ゴンドラ利用で下る場合は、最終時間を計算して出発を。間に合わなかった場合は、瀬戸蔵山から龍神の滝経由で、またはゴンドラ山頂駅から極楽坂山経由で駐車場へと下ることができる。トイレは山頂駅と瀬戸蔵山山頂の南側にある。

■お問い合わせ

大山観光協会　☎076-481-1900
大山観光開発　☎076-482-1311
●国土地理院地形図　2万5千分の1地形図「小見」

飛びついた。

クマよけの鐘も備えた道

午前9時、ゴンドラ山麓駅近くの「らいちょうバレーエリア」の広い駐車場に着く。冬期はスキー客のためのゴンドラリフトだが、ここはスキーシーズン以外でも利用できるから、山歩き愛好家には有り難い。

何はともあれ、山麓駅からさっそくリフトに乗り込む。ゴンドラ遊泳を楽しみながら山頂駅に着くと、高原特有の心地よい風が通り抜けて行く。

登山口はそこからすぐだ。十字に組まれた丸太のウデのところに、鉄製の重りのようなものと、それをたたく鉄筋棒が提《さ》げられている。その隣には「クマに注意」の立て札。クマよけの鐘がわりというわけだ。森さんがたたくと、カーン、カーンと高い金属音が

春に楽しめる花々
（左上から時計回りにミズバショウ、
イワウチワ、カタクリ）

湿地も木道で歩きやすく

辺りに響き渡る。「クマさんに聞こえたかな」と、もう一度派手に鐘をたたいて、大品山自然歩道を歩き出す。

ブナ林に アスレチック広場

ノリウツギ、ハウチワカエデ、リョウブなどが生い茂る道を緩やかに下り、その先をひと上りすると、明るく刈り払われた広場に出た。ベンチが三つ。ここにもクマよけの鐘がある。鐘を鳴らす役目は森さんだ。備え付けの棒でカーンと鳴らして再び歩き出す。

道は広く、ジメジメしたところは板を敷いた木道《もくどう》になっていてとても歩きやすい。ダケカンバの脇を過ぎ、小さく上ると、一面ブナ一色の「瀬戸蔵山のブナ林」に出る。

案内板の隣にベンチがあり、下草がきれいに刈り払われた林の中に、ブナの木を利用してハンモックが架けられている。そのすぐ先はブランコやロープ遊びの遊具などがそろうファミリー向けのアスレチック広場だ。

森林セラピー基地に認定

立山山麓は2009（平成21）年、北陸三県では初めての「森林セラピー基地」に認定されている。森林浴による心身の癒やし効果が科学的に検証された場所のことで、立山山麓のほか、全国に40カ所余りの認定基地があるという。アスレチック広場でさっそくブランコに乗って健康増進を図ろうとする森さんだが、ブランコがグルグル回ってうまくこげず、ややおかんむりである。

広場を後に、ちょっと寄り道してカタクリが群落をつくる中を少し進むと、「ブナの木展望台」がある。ミズナラの巨木があって、その脇から富山湾に注ぎ込む常願寺《じょうがんじ》川一帯が望める。

瀬戸蔵山から 弥陀ヶ原望む

元の道に戻ると、イワウチワ（トクワカソウ）やイワカガミが薄いピンクの花をつけて迎えてくれる。

ゴンドラを使わないコースには、
百間滑（ひゃっけんなめ）も

タテヤマスギの大木は大迫力だ

木道をたどり、少し上ると、今度はタテヤマスギ（アシウスギ）の大木の前に差し掛かる。幹回りが数メートルを超える古木で、根元近くがトンネル状の空洞になっていた。

ここから通過点の瀬戸蔵山頂まではひと上りだ。山頂手前にある反射板の北面が大きく刈り払われ、眼下に立山大橋からスキー場一帯が手に取るように見える。山頂の南側に足を運ぶと、かつて訪れた際は雪で傾いていたトイレがトタン屋根で囲われた立派なものに変身していた。

スタートしてからここまで約50分。瀬戸蔵山頂からは、ガスに包まれた弥陀ヶ原《みだがはら》や大日岳《だいにちだけ》の中腹あたりまで見渡せる。

山頂手前がコース真骨頂

瀬戸蔵山のベンチを後に、楽しみにしていた大品山へと向かう。樹林の先に円錐《すい》形の鍬崎山《くわさきやま》を眺めながら、明るいなだらかな尾根道を進む。

大きな坂道を下りきるとブナ林に入る。ナツツバキの大木の先辺りから、今度はスギが増えはじめ、やがてタテヤマスギの大木の根が現れる。かつて伐採されたもののようで、その株からは若いスギの木が何本も伸びている。

ここからしばらくはタテヤマスギが道案内役だ。スギの根の階段を乗り越してさらに進み、もう一度大きく下ると再びブナ林にな

瀬戸蔵山から望む山々と平野

る。そして緩やかに上り返すと、鍬崎山がさらに近づいて見える。

その少し先に、右手が小さく刈り払われた場所があり、遠くに有峰湖《ありみねこ》が見える。湖底に沈んだ有峰は、平家の落人集落だったとも伝わる村だ。

ブナの幹が一段と太くなってきたら、このコースの核心部に入った証しだ。急な上り坂が現れ、大きな段差を越えると、長い坂道が続く。最後の階段を上りきったら、そこが大品山の山頂だ。

大品山への道中に見える有峰湖

この日の山頂は薄日に包まれ、ガスが濃くて、残念ながら遠望は利かなかったが、鍬崎山へと続く道が、ブナ林の中に心地良さそうに続いて手招きしていた。大きなテーブルを囲んでベンチに腰を下ろし、昼食のにぎり飯をほお張り、ゆっくりと体を休める。

幸せを呼ぶ山頂の鐘

休憩したら、ゴンドラ山頂駅まで戻る。そこから西に500メートルほど歩くと、ゴンドラ山頂展望台に到着した。

お目当てはそこにある「幸せの鐘」を鳴らすことだ。大小二つ仲良く並んだ鐘の音色はEとG。分かりやすく言えば、ミとソの音で、相性が一番いいのだと説明にある。きっと恋人たちが一緒に鳴らして、幸せを誓うに違いない。

クマよけの鐘を道中さんざん鳴らしてきた森さんが、さっそくロープに手をかける。とはいえ、この日は一緒に鳴らすべき相手がいないせいか、どこかヤケ気味。それでも、キーン、コーン、キーン、コーンとセラピー基地一帯に透き通った音色が響き渡った。

透き通った音色が響く「幸せの鐘」。この日はガスに包まれていた

おすすめの湯

立山国際ホテル

ゴンドラ利用で尾根歩きを楽しんだところで、立ち寄り湯ができるリゾートホテル立山国際ホテルに向かいました。あたりで一番大きなホテルなので、極楽坂を通るたびに気になっていたのですが、国際会議なども開かれると聞いて、気後れしていたところです。新装した玄関をくぐり4月中旬オープンの2階大浴場へと向かいます。浴場は、「美人の湯」サウナも完備されており、浴槽に入ると湯がツルツルと体を包みます。美肌効果が高い立山山麓の湯は、ナトリウム炭酸水素塩泉という成分で、神経痛や関節痛、打ち身、五十肩、冷え性、さらに切り傷や火傷と、幅広い効能があり、アウトドアの後に温泉に入りながら外の空気と景色を楽しめ大いにリフレッシュできます。

富山市原45　076-481-1111
営業時間●10時30分～20時
定休日●無休
料金●大人700円、小人400円

10 瀬戸蔵山《せとくらやま》

標高 1320m

参考コースの所要時間
約3時間

ゴンドラリフトで手軽に尾根へ
滝にナメ床、下りにも見どころが

きらめくような
ブナ林の緑が
心地よい

夏は暑い。汗を流さずにブナ林の中に立ちたいものだ、ということで見つけたのは、立山山麓《さんろく》にある瀬戸蔵山《せとくらやま》。らいちょうバレーエリアのゴンドラリフトを利用して、1100メートルの尾根に一気に立てる、とある。間違いなく疲れ気味の山好き中高年向けだ。

ゴンドラ利用し山頂へ

北陸自動車道立山インターを降りて立山へと向かう。富山市大山を過ぎ芦峅寺《あしくらじ》に入るとらいちょうバレーエリアは目と鼻の先だ。駐車場はガラガラ、ゴンドラ乗り場のある山麓駅もガラガラ。貸し切りリフトに乗り込んで、「ブナを眺めて、滝を眺めて、ナメ床を歩いて」と胸算用しているうちに、ゴンドラが山頂駅に着いた。

風がとてもさわやかだ。瀬戸蔵山の方に目をやるが、高低差はほとんどない。その先には鍬崎山《くわさきやま》が見える。周囲をグルリと見渡して、草地の道を歩きだすや、すぐべ

参考コース
【登り】らいちょうバレーエリア・山麓駅▶8分（ゴンドラ）▶山頂駅▶20分▶ブナ林▶20分▶瀬戸蔵山山頂
【下り】瀬戸蔵山山頂▶1時間▶龍神の滝▶20分▶百間滑▶50分▶らいちょうバレーエリア・山麓駅（駐車場）

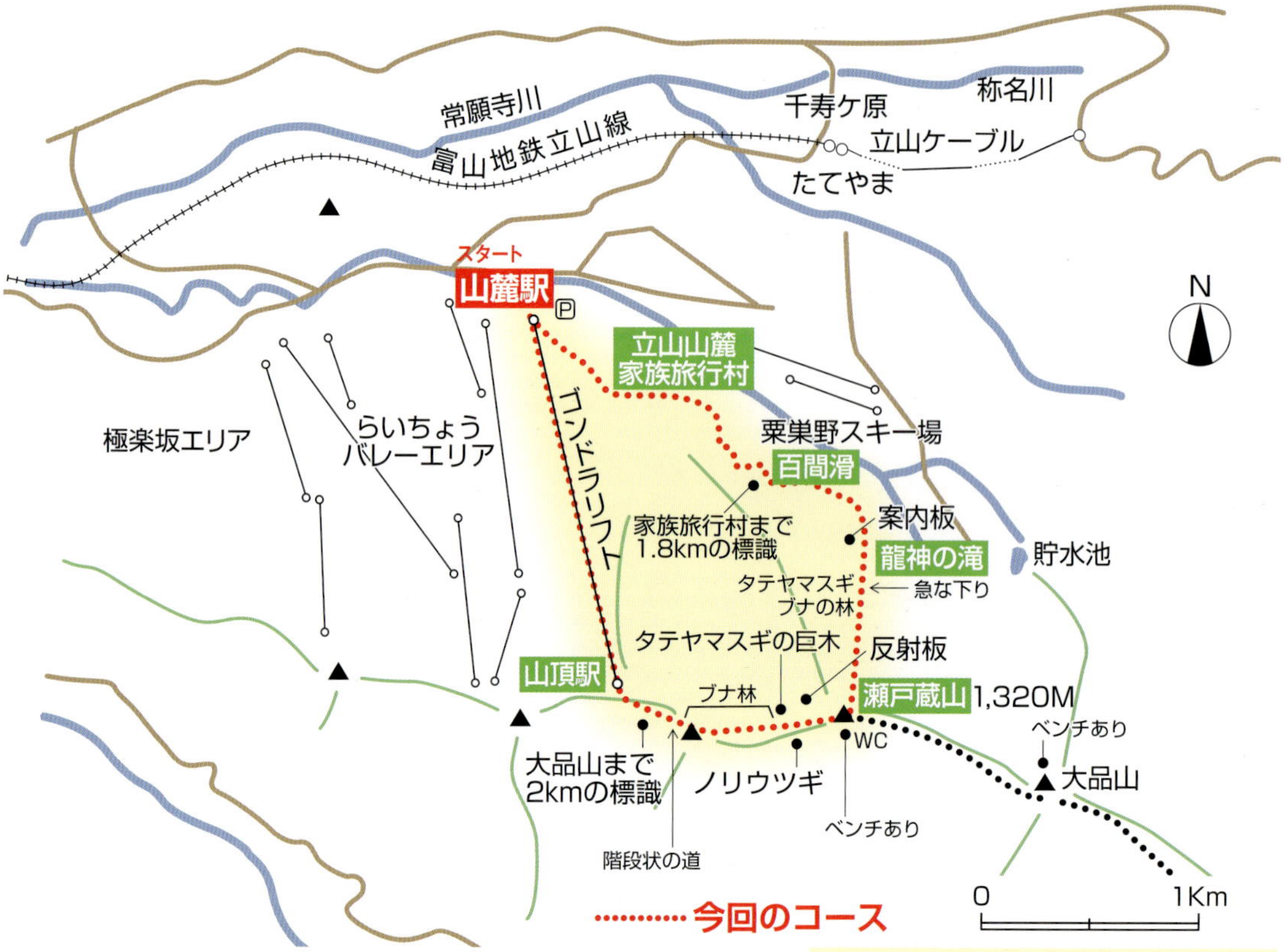

ンチが現れる。展望台になっていて、北方に広がる山々の案内板がデンと据えられている。左から来《らい》拝山《はいやま》、大辻山《おおつじやま》、大日岳《だいにちだけ》、奥大日岳。

「すぐにベンチってのがまたいいですね。休憩しましょうか」と、声をかけるが「いや、いくらなんでも

野イチゴの実

羽を休めるトンボ

可憐なノリウツギの花

■おすすめの季節
雪解けの5月から紅葉の秋まで楽しめる。

■アクセス
北陸道立山インターから主要地方道6号線で立山方面へ。立山大橋を対岸へと渡り、らいちょうバレーエリアのゴンドラリフトを利用して山頂駅まで。

■アドバイス
山頂からの下りは急坂が多いので慎重に。百間滑の沢床は予想以上に滑りやすいので、乾いたところ以外に足を踏み入れない方が良い。水場は山頂駅と沢筋に、トイレは山頂駅、瀬戸蔵山山頂の南側にある。

■お問い合わせ
大山観光協会　☎076-481-1900
大山観光開発　☎076-482-1311
●国土地理院地形図
2万5千分の1地形図「小見」

外傾した急階段を降りる京さん

ゴンドラリフトを降り、瀬戸蔵山山頂を目指す

歩き出して30秒ですヨ」と断られた。ブラリブラリ、ノリウツギの白い花を眺めながら、よく整備された水平道をたどる。

ブナの原生林を進む

最初のゆるやかな傾斜を登り切ると、小ぶりだが品の良いブナ林の中に続く道が現れる。「ブナって、いいと思いませんか」と好みを押し付ける私。少し歩くと、幹回りも太く丈《たけ》の高い、うっそうとした原生林の中にさしかかる。木道の脇がちょっと広くなっていて、ベンチがひとつ。ここはやっぱり休憩だ。

ブナは水を貯《た》める力がすごい木で、幹に耳を当てると、水が流れる音がすると聞いたことがある。さっそくブナに耳を当ててみるが、ひんやりしているだけで何も聞こえない。少し登りを楽しむと、左手に立山杉の古木が現れる。幹回りは、3人で手をつないでも届かない太さだ。瀬戸蔵山の山頂はここからすぐだ。北側に反射板があるが、樹林に遮られているので目障《めざわ》りにはならない。大日岳、奥大日岳の山頂には、残念ながら雲がかかっている。

「そういえば、山頂にトイレがあるそうですよ」と、南の樹林の中を下ると、確かに簡易トイレがあった。が、雪の圧力を受け、右80度に傾いている。うーん、これを使うには決死の覚悟がいるぞ、と引き返して、身ぶり手ぶりで使用困難を知らせる(現在は、修復されている)。

大休止したら、いよいよ下りだ。後半の楽しみは滝とナメ床(滑床)見物なのだ。が、この下りは半端じゃない。急とは聞いていたが、とても「汗を流さずに」と言うわけにはいかない。大変なところには鉄製の階段がつけられているのだが、その階段が雪の重みでゆがんで、すっかり外に傾いている。「恐怖のトイレに恐怖の階段、大《おお》品山《しなやま》まで行ってゴンドラで下るってのが正解だったようですね」など

3人が手を伸ばしても届かない立山杉の古木

と、冷や汗もいっしょにかきながら1時間ほど下ると、右手に龍神《たつがみ》ノ滝《たき》が現れた。夏場のため水量が少なくて、やや迫力に欠けるが、落差は40メートル近くある。

百間滑でひと遊び

ここから20分ほど下ると、今度は百間滑《ひゃっけんなめ》にさしかかる。ナメ床と

「百間滑」の川床

瀬戸蔵山の山容

案内板を前に大パノラマを楽しむ

呼ぶもので、川床がすべすべした一枚岩になっていて、渓谷美には欠かせないが、濡《ぬ》れたところはよく滑る。

　ひと遊びしたところで、あとは、支尾根を乗っ越して、林道を下るだけ。尾根の涼しさがウソのように、カッと照りつける日差しの中をしばらく歩くと、駐車場手前にある立山山麓家族旅行村にさしかかる。ここはオートキャンプ場になっていて、思い思いのテントが張られた広場では、バドミントンを楽しむ親子や、バーベキューの準備をする家族連れの姿が見える。これに触発されて、さっそくレストハウスに頼んで材料を運んでもらう。枯れ枝を拾い集めて炭火を起こし、焼けた鉄板に肉を並べると幸福感が押し寄せてくる。山遊びの締めくくりは、やっぱりこうでなくっちゃ。

夏場で水量はいまひとつだった龍神の滝

おすすめの湯

とやま健康パーク

　富山県民の健康づくりの拠点として平成11年夏にオープンした「とやま健康パーク」。水着着用の「バーデゾーン」には全身浴、圧注浴、歩行浴、打たせ湯、ミストサウナなど変化に富んだ10種類の浴槽があり、ストレス解消など目的に応じた温泉浴コースが設定できる。隣接して温水プールもあり、年間を通じて水泳や水中ウオーキングなどに利用できる。

　一方、露天風呂や薬湯などを備える「湯治庵」は、裸での温泉浴を楽しめる施設。特に薬湯は、生薬の効果でよく温まり、おすすめである。

　また、施設では、最新のトレーニングマシンを使った体力づくり法や、各種運動プログラム、芳香瞑想法など、多様な体験メニューが用意されている。専門スタッフからアドバイスを受けながら健康づくりに取り組めるとあって、幅広い世代に好評だ。

富山市友杉151　✆076-428-0809
営業時間●10時～22時
（日曜、祝日～19時）
定休日●月曜（祝日の場合は翌日）
料金●大人:500円（1時間）・1000円（2時間30分）・1500円（1日）、小中学生:大人の半額／個室休憩1室1240円～

11 濁《にごり》谷《だに》山《やま》

標高 1238m

参考コースの所要時間
約4時間35分

タテヤマスギの古木群を満喫
ゴールは日本海を見渡す絶景

沌滝で涼感をたっぷり味わう

大平山経由がお勧め

魚津市を流れる片貝川《かたかいがわ》の西側に沿って猫又山《ねこまたやま》へと続く尾根がある。東芦見《ひがしあしみ》と呼ばれる全長18キロほどの尾根だ。その尾根が始まる辺りに、濁谷山《にごりだにやま》という見晴らしの非常に良い山がある。登り方は小早月川の方からと、片貝川の東蔵《とうぞう》集落から続く林道の1番高いところから大平山《おおだいらやま》を経由する二つのルートがある。お勧めはもちろん大平山経由のコースである。東蔵から峠に続く林道の途中にある沌滝《どんたき》に立ち寄ることができるという〝トッピング付き山歩き〟ができるからだ。ラーメンで言えば「半熟煮玉子付き」のようなもので、満足度が大幅に増大する。早速、魚津の街から県道132号線を片貝川に沿って車で遡《さかのぼ》った。

山女《あけび》の集落にさしかかったところで後部座席に座る小川明日美さんから「山女って普通ヤマメって読みませんか」と疑問が投げかけられる。小川さんとは昨年秋に福井の刈込池《かりこみいけ》に出かけて以来、久し

参考コース

スタート **大平山登山口** ▶1時間▶ **大平山** ▶1時間▶ 小早月川からの道合流点 ▶10分▶ **砦跡** ▶30分▶ **濁谷山** ▶25分▶ 小早月川からの道合流点 ▶50分▶ **大平山** ▶40分▶ **登山口**

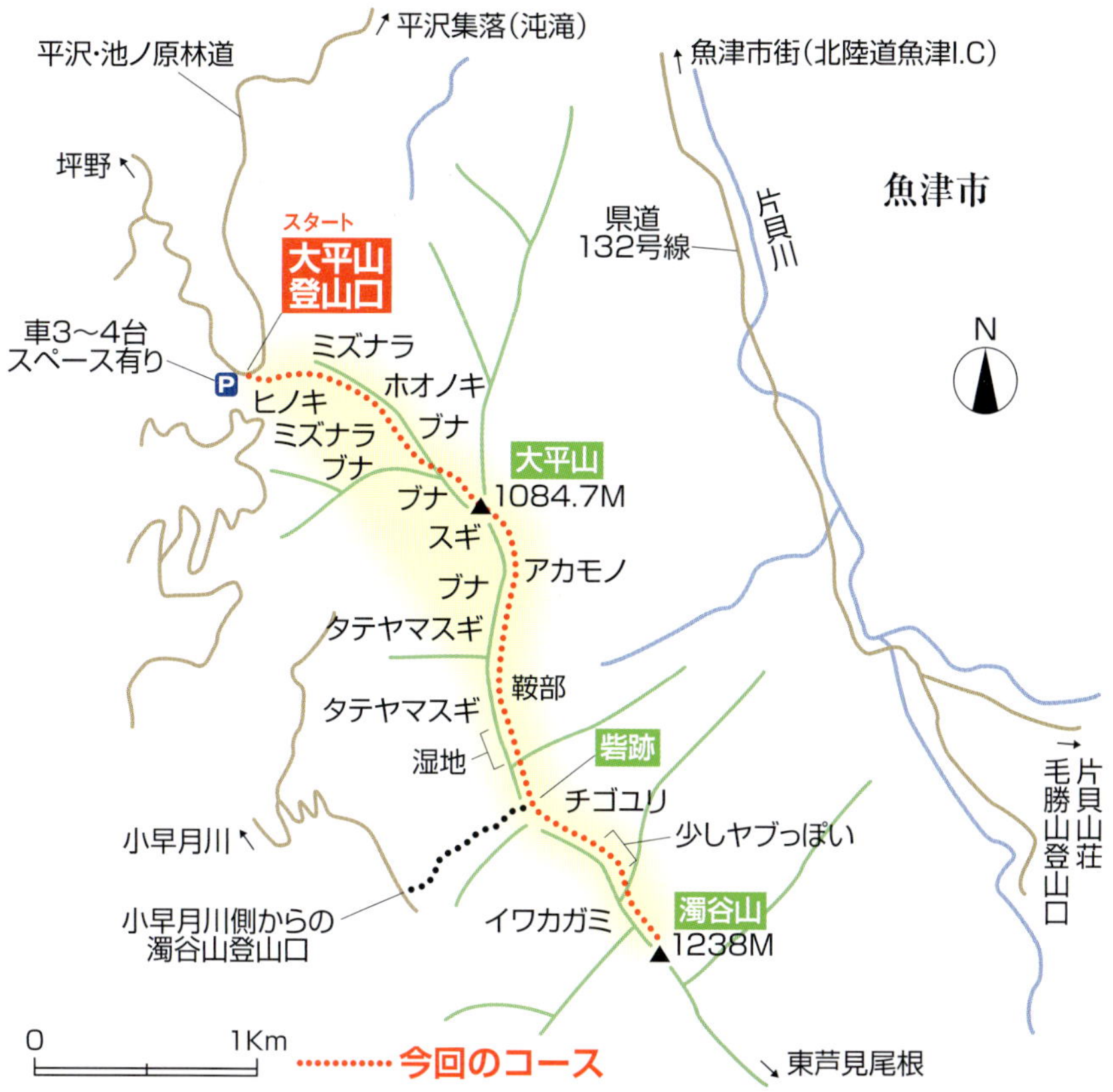

■おすすめの季節

残雪の状態にもよるが、6月から10月いっぱいまで楽しめる。新緑のブナ林、紅葉の東芦見尾根の眺めはみごと。稜線からの僧ケ岳、毛勝山も良い。

■アクセス

北陸自動車道魚津インターから県道132号線で片貝川沿いに片貝第二発電所へと向かい、黒谷、山女(あけび)、東蔵の集落の先にある沌滝の案内に従って林道を大平山登山口がある峠へと向かう。

■アドバイス

林道は途中道幅が狭くなっているので、対向車には注意を。峠は道幅が広くなっていて、車が数台置けるスペースがある。トイレ、水場はない。ネマガリタケが生える6月頃や秋にはクマに注意。

■お問い合わせ

魚津市役所商工観光課 ☎0765-23-1025

●国土地理院地形図 2万5千分の1地形図「越中大浦」「毛勝山」

かれんで清そなイワカガミ

うつむき加減に咲くチゴ(稚児)ユリ

ぶりの顔合わせだ。「誰かに聞いてみましょう」と前方に目をやると、町内の世話役の方らしいおじさんが、回覧板を手に歩いてくる。

車から下りて「どうしてアケビと読むんですか」と尋ねると、ニヤニヤしながら「山の女だからアケビなんだ」とポンと肩をたたかれる。

沌滝で感性潤す

東蔵を過ぎ、橋を左岸に渡ったところで「沌滝」の案内板に従って右折し、100メートルほど先から平沢・池ノ原林道に入る。沌滝がある沢筋まではすぐだ。手前右手に駐車スペースがあり、滝見物のための階段がつけられている。いったん車を降り、この階段を5分ほど上って堰堤《えんてい》の上に出ると、うっそうとした樹林帯に包まれる。そこからさらに5分ほど、石伝いに沢を渡り、ひと上りすると

折れたミズナラの古木がトンネルに

ヒノキ林から登山がスタート

沌滝が姿を現した。1段目は「くノ字」、2段目から3段目にかけて2条になって白い水が落ちる。谷の暗さと相まって、「美しい」という表現がぴったりの滝だ。

衰え気味の感性に十分潤いを与えたら、林道に戻って大平山登山口へと車を走らせる。登山口はこの林道が1番高い地点にさしかかったところにある。道幅が広くなっていて、車が3～4台置けるくらいの広さがある。ヒノキ林の中へと続く道に足を踏み入れると、すぐに緩い下りになり、ミズナラの古木が折れてトンネルになっているところにさしかかる。そのすぐ先を上り返すと、道は再び緩やかな上りとなる。「きょうは楽ですよ」と仲間たちに言い終わらないうちに急な斜面が立ちはだかる。「前回もそう言ってましたが、キツかったですよ」と山岸カメラマンに言われ、「うーん、記憶では…」と、すっかり自信をなくしてしまう。

しばらく登ると、ブナが現れる

樹木に覆われた濁谷山

急傾斜が随所に

ミズナラ、ホオノキに混じってブナが姿を見せ始める。記憶とは大分違う厳しい上りが何度か現れ、額から汗が流れ始める。ミズナラの根元に竜の姿に似た白いギンリョウソウが顔を出している。ウダイカンバだろうか、30メートルにも達する2本の大木を見上げながら急坂を乗り越すと傾斜が緩くなり、10本ほどの杉の木がある大平山にさしかかった。東側が少し刈り払われた山頂から見えるのは、毛勝三山《けかちさんざん》から剱岳《つるぎだけ》へと続く山々だ。

「ちょうど1時間、いいペースですね」とここで小休止。水分を補給したら、なだらかな尾根伝いの道を濁谷山の方へと歩き出す。この尾根道の楽しみは、タテヤマスギの古木群の中を縫うように進むところにある。最初に現れたのは鍵形十手のように二つに分かれたタテヤマスギ。次に千手観音のように四方八方に手を広げた古木が現れ、続いて根が人の背丈よりも高く盛り上がった巨木、そして幹周り10メートル近いこのコースの主が姿を見せる。みんなすっかりタテヤマスギ評論家になって、あでもない、こうでもないとやっているうちに、最低鞍部《あんぶ》に下り立つ。もう一度上って下ると、今度はコー

幹周りが 10 メートル近い巨木

鍵形十手のように二つに分かれたタテヤマスギ

濁谷山の頂から魚津の街並みを見下ろす

剱岳北方稜線を眺める

スの最難関である泥沼の湿地帯にさしかかる。倒木や頼りない木の枝の上を、あまり良くないバランスを頼りに祈りながら通過する。

日差し降り注ぐ山頂へ

そこから間もなく、小早月川方向からの道に合流すると、濁谷山への上りが始まる。最初はちょっと急な粘土質の坂道で、木の枝につかまりながら乗り越すと、すぐに砦《とりで》跡にさしかかる。足元には白い小さな花をつけたチゴユリが咲いている。しばらくだらだらとした上り坂が続き、下りにさしかかったあたりから全体にヤブっぽくなる。「こういうところ、苦手なんです」と言いながら、草をかき分けかき分け進む小川さん。砦跡から20分余り歩いたところで、もう一度急傾斜の道にさしかかる。上り切ったところに濃いピンク色のイワカガミが咲いている。汗をひと拭きしてもう一息上ると、頭上が明るくなり広い山頂に飛び出した。

眺めはもちろん文句なし。真っ先に目を向けたのは、南にそびえる劔岳と奥大日《おくだいにち》、大日岳《だいにちだけ》の方向だ。そして東の毛《け》勝山《かちやま》、続いて駒ケ岳《こまがたけ》、僧ケ岳《そうがだけ》へ。もちろん、魚津の町並みから日本海まで手に取るように見渡せる。「いい眺めですね」「長かったけど来て良かった」と目を細め達成感に浸る仲間たち。

梅雨の合間の強い日差しが容赦なく肌を焼く。いよいよ夏山の季節だ。

千手観音のように四方八方に手を広げた古木

草をかき分けながら進む

おすすめの湯

金太郎温泉 カルナの館

魚津の商店で「いい日帰り温泉」と教わったのが金太郎温泉・カルナの館です。1991(平成3)年にオープンした天然温泉100%の「かけ流しの湯」は、75度の硫黄泉。浴室はとてもきれいで、中に入ると硫黄の匂いがするのにまずびっくり。内風呂は巨岩をふんだんに使って立山連峰をイメージしたというパノラマ大浴殿をはじめ、足湯、腰湯、打たせ湯、そしてテレビ付きサウナなども完備され、屋外にも広い岩風呂が2つあります。「カルナ」は古代ローマ神話の健康を守る女神の名前で、活性化エネルギーを含む濃度の高い湯は塩分を含んでいます。

真っ先に向かったのは露天岩風呂。薄く白濁した湯に首まで浸かり岩にもたれていると、北陸の温泉じゃないところにいるような錯覚さえもたらします。

魚津市天神野新6000 ☎0765-24-1221
営業時間●8時30分～23時
定休日●無休
料金●中学生以上：1日コース1600円、3時間コース1000円、3歳以上：1日コース800円、3時間コース500円

12 袴腰山《はかまこしやま》

標高 1163m

参考コースの所要時間
約1時間20分

城端の町並みを一望
見晴らし良い尾根歩き

桜ケ池の
水面がまぶしい

不覚にも3メートルほど滑落して、足の甲にヒビが入った。ギプスをとるまで3週間、アクタスの取材まで2週間、「さあ、どーしよー」と編集担当のMさんに連絡すると、「登山口まで出かけて、悔しそーにみんなを見送るってのはどうですか。案内はオクさんで十分でしょう」と返ってきた。まあ、山の経験は心配ないと思うが、相棒（妻）はあきれるほどの方向オンチ。まてよ、山岸カメラマンは「人間ナビゲーター」だし、山歩きも9年目。「それで行くか」と、情けないけど予定通り出かける決意をする。

袴の腰板に似ている山

城端から国道304号線を南へと向かう。斜め右前方に台形をした袴腰山《はかまこしやま》が見えてくる。袴

参考コース スタート **峰越登山口** ▶10分▶ **袴腰避難小屋** ▶40分▶ **山頂** ▶20分▶ **袴腰避難小屋** ▶10分▶ **峰越登山口**

■おすすめの季節

山頂にシャクナゲが咲く5月半ばから、紅葉の10月末まで楽しめる。

■アクセス

東海北陸自動車道福光インターから国道304号線で五箇山方面へ。五箇山トンネル手前から入る林道袴腰線から直接、または五箇山の世界遺産・菅沼集落から庄川を渡り、林道袴腰線経由で峰越登山口に向かうのが無難。

■アドバイス

五箇山トンネルのところの峰越林道から入る場合は、事前に道路状態を問い合わせした方が良い。袴腰林道はよく整備されている。峰越登山口は峠になっていて道も広く、駐車スペースはたくさんある。

■お問い合わせ

南砺市役所林政課　0763-23-2033
南砺市役所城端行政センター　0763-62-1212
南砺市役所上平行政センター　0763-67-3211
●国土地理院地形図　2万5千分の1地形図
「下梨」「上梨」「湯涌」「西赤尾」

の腰板に形が似ているとガイドブックに書かれているが、確かに松の廊下で後ろから抱きかかえられた、あの浅野《あさの》内匠頭《たくみのかみ》の袴の腰板そっくりだ。「へえーっ、袴の腰板ですか」という山岸カメラマンと小川明日美さん。小川さんは旅行の途中で金沢が気に入って、そのまま金沢に住んでいるという行動派。両親が山歩きやキャンプが好きで、幼いころからアウトドアに連れ出されていたのだそうだ。

五箇山トンネルを抜け、国道156号線に出たところで右折して小原ダムへ。世界文化遺産の菅沼合掌集落からダム湖を対岸に渡り、きれいに舗装された林道袴腰線を峰越登山口へと向かう。

登山口は標高900メートル。マルバマンサクなど背丈の低い潅《かん》木《ぼく》のすぐ上に、袴腰山が間近に横たわっている。とはいえギプスに松葉杖、手を振って見送る以外は何も出来ない。「明日美《あすみ》ちゃん、わたしは明日子《あすこ》、一字違いね」とうれしそうに歩き出す相棒。背丈も姿も年齢も、ずいぶん違うとおもうのだが…。

砺波平野一帯がくっきり

そんな事情でここからは3人の話によると…の後聞きの話なのです。

スタートしてしばらく、道は階段状になって淮木帯の中に続く。階段が終わり、緩やかな上りを少し進むと、すぐに水平道となる。2度目の階段を過ぎるとブナが顔を出す。そこからは、ちょっと急な上り。ホーッホケキョというのはウグイスの鳴き声だが、キキョ、キキョ、キキョと騒がしいのはなんだろう。

岩場を乗り越し、後ろを振り返ると、城端の町並みから砺波平野一帯がくっきりと見える。オオカメノキが赤い実をつけて迎えてくれる。そこからほんの20メートルほどで城端山岳会が建てた避難小屋の前に出る。ここまでわずか10分、フッと一息ついて小屋に入ってみる。広くてきれいな、とても心地良さそうな避難小屋だ。

小屋の先に大きな岩がある。そこを左から回り込むように進むと、ちょっと崩れたヤセ尾根にな

小屋から先は快適な尾根歩き

真っ白なヤマボウシの群生

赤いオオカメノキの実

山頂のすぐ先にある展望地からの景色も堪能

る。そこからは、見晴らしの良い快適な尾根歩きとなる。目の前には袴腰山の袴の腰板部分が、左手に目をやると、見覚えがある大滝山が見える。その向こうの人形山は、ぼんやりとしか望めない。

斜面のあちこちにヤマボウシ

「久しぶりですね、尾根歩きは」と山岸カメラマン。「風がとっても気持ちいい」と小川さん。梅雨時のわずかな晴れ間を縫っての山歩きにもかかわらず、実に楽しそうにグングン飛ばす。山の斜面のあちこちには、白いヤマボウシの花が咲いている。

山頂に手が届きそうなところまで進むと、背丈ほどの潅木帯にさしかかる。その先をちょっと下ると、山頂への緩やかな直登《ちょくとう》が始まる。傾斜がちょっとキックなったところで、左手に直径70～80センチほどのブナの古木が現れる。雨が少し降ってくるが、木々に包まれているので安心だ。

足元にエンレイソウが顔を出すと、急登《きゅうとう》が始まる。先頭はもちろ

急登をイッキに上る小川さん

ん若くて元気な小川さん。ひと上りすると、木のベンチが置かれていて、麓《ふもと》が一望できるようになっている。雨がちょっと強くなってきたので、その先の樹林帯でしばらく雨宿りとする。

ここからは、木の根が大きく張り出した中の急な上りとなる。しばらくあえいでいると、上の方が明るくなって、水平道に出る。すぐに三叉路《さんさろ》となり、池の平の方向から道が合流する。そこを少し辿《たど》ると、袴腰山の山頂だ。展望地はそのまた少し先、直径3メートルほど刈り払われたところだが、ここでまた雲行きがあやしくなってくる。三叉路に戻って、三方山側にある見晴らしヤグラまで行こうとなったところで、突風のような冷たい風が吹いてきて、間髪を入れずにザーッと雨が降り始める。この日の晴れ間はどうやらここまでと観念して、大急ぎで登山口へと下った。

と、「こんな感じですか」と、温泉で汗を流し終えた3人に尋ねると、「まるでいっしょに歩いたみたいですね」と小川さん。喜んでいいのかどうか、うしろめたさが残る一言だ。

帰宅したところへ、ある山岳会で遭難対策責任者をしている知り合いから電話が入る。「メール見たんですが、どこで事故ったんですか」と聞かれ、「いや、実は自宅でちょっと」と身振り手振りで説明したのだが、「それは論評外の外ですね」と冷たい論評が返ってきた。

避難小屋の前でちょっと休憩

人工壁に挑戦する小川さん

ブナの古木にも出合いました

おすすめの湯

国民宿舎 五箇山荘

山歩きの汗を流そうと、五箇山自然公園の中心にある国民宿舎五箇山《ごかさん》荘に向かいました。国の指定重要文化財となっている合掌造り「村上家」の前から庄川を渡ったところにある五箇山荘。すぐ下には、観光名所にもなっている復元された加賀藩の流刑小屋があります。湯はアルカリ性単純温泉で、弱アルカリ性。自然石をふんだんに使った広い浴室は、とても明るくて清潔です。露天風呂ももちろん大きな自然石を組み合わせて作られていて広く、よく手入れされた周囲の庭園に溶け込んでいます。湯の効能は、リウマチ、運動器障害、神経麻痺、神経痛、疲労回復と幅広く、無色透明の湯に浸かり、周囲の山々を眺めながら、身も心もゆったりとくつろげます。

南砺市田向333-1　✆0763-66-2316
営業時間●10時～21時
定休日●水曜（10時～16時は営業休止。但し、祝日の場合は営業）
料金●大人500円、小学生300円、幼児100円

13 赤祖父山《あかそぶやま》

標高 1033m

参考コースの所要時間
約4時間10分

先人が守り継いだ美しきブナ林
蓮如の弟子も通った古道に感動

原生林の間から差し込む光が心地よい

江戸時代は「入らずの山」

約140ヘクタールに及ぶブナ、ミズナラなどの原生林が残る赤《あか》祖《そ》父《ぶ》山は江戸時代、樹木の伐採が禁じられた「入らずの山」だった。

戦後復興期、材木価格の高騰を抑える目的で大規模な伐採が行われた結果、多くの原生林が失われ、スギ林に変わってしまったが、赤祖父山麓《ろく》に住む12の集落の人々は、国策に従いながらも、先祖代々、山麓の田畑を潤してきた赤祖父川水源のブナやミズナラの森を守り抜いた。現在も、たとえ山菜採り目的の入山でも、鎌の持ち込みは禁じられている。

北寄りの尾根に登山道

赤祖父山の北寄りにあるスギが植林されている尾根に、山頂へと続く道がある。かつて登山コースとして紹介されたことがあるが、現在は訪れる人も少ないと聞き、仲間たちと歩いてこようと思い立った。

赤祖父山

参考コース スタート **林道赤祖父線・登山口** ▶2時間▶主尾根分岐▶30分▶**扇山**▶20分▶主尾根分岐▶1時間20分▶**林道赤祖父線・登山口**

ツリフネソウ

ヤブマメ

■おすすめの季節

盛夏を除き、新緑の5月中旬から紅葉の11月初旬まで楽しめる。

■アクセス

東海北陸道の福光インターから国道304号線で城端に向かい、案内標識に従ってトナミロイヤルゴルフ倶楽部へと向かう。ゴルフ場に隣接する赤祖父のため池から杉木立の中に続く道を林道赤祖父線へと向かい、林道にぶつかったら右折して200メートルほど進むと右手に駐車スペースが現れる。登山口はその前。

■アドバイス

登山口の標識が朽ちかけているので、駐車スペースを目印にすると良い。さほど急ではないが、主尾根まで上りが続くので、ゆっくり歩くと良い。作業道に出たら左へ10メートルほど歩くと右手山腹へと続く登山道の取り付きが現れる。

■お問い合わせ

南砺市役所観光課　☎0763-23-2019
●国土地理院地形図　2万5千分の1地形図
「城端」「下梨」

シラヤマギク

アキギリ

ナナカマドの実

アキノキリンソウ

赤祖父山が水面に映り込むため池

道中、大きなクモの巣に遭遇

今回同行してくれたのは、この「日帰り山歩き」コーナーで約10年前、黒薙《くろなぎ》川や中山《なかやま》をともに歩いた杉本侑理さんだ。当時高校生だった杉本さんも、今や立派な社会人。「初っぱなから、いきなり水着で河原の野天風呂撮影だったんですよね」と大笑いしながら、思い出話に花が咲く。

ため池百選の一つ

車で向かったのは、砺波ロイヤルゴルフ場そばにある「赤祖父ため池」である。大正末期の旱魃《かんばつ》がきっかけで、赤祖父川を堰《せ》き止めて池を作る計画が持ち上がり、工事が完了したのは１９４５（昭和20）年。山麓住民が完成を待ちわびた貯水量76万トンのため池は現在、南砺市の４００ヘクタールにわたる田畑を潤している。

美しい池だ。水面の中ほどに赤祖父山が逆さに映し出されている。「全国ため池百選って書いてありますよ」と、杉本さんが解説板に目を通して教えてくれる。農林水産省の農村振興局が毎年選んでいるもので、富山県ではすぐ近くの桜ケ池《さくらがいけ》と赤祖父ため池の二つが選ばれている。

砺波平野の散居村を一望

ため池を後に、高度を上げる。林道赤祖父線にぶつかったところで右に曲がると、すぐに登山口だ。案内標識は杭《くい》が折れ、文字もやっと読める状態である。

その「案内」に従って、スギ木立に続く山道に足を踏み出す。濃いピンクのツリフネソウがあちこちに咲いている。ひと上りすると、道は平たんになり、やがて山腹伝いの上りが始まる。

「この花は何ですか」と山岸カメラマンがツルのところどころに咲く薄紫の花を指差す。山歩き歴は長い方だが、初めて見る花だ。調べたら、ヤブマメという豆科の花だと分かった。

坂道を上りきると、やや明るい

イノシシのヌタ場を発見

赤祖父山の主稜線

医王山へと広がる散居村

尾根に出た。しばらく歩くと、さらに明るく開けた場所が現れ、行く手になだらかな大寺山《おおでらやま》が見える。

やがて道は溝状の上りになり、その先でヤセ尾根になった。右手に、散居村が点在する砺波平野が医王山《いおうぜん》の麓《ふもと》へと伸びている風景が広がる。

道は再び溝状となり、傾斜がだんだんきつくなる。前方にポッカリと空が見えてきて、ホッとするのもつかの間、アキギリが咲いている辺りからまた急な上りの始まりだ。

足元には秋の草花

息を切らしながら上ると、やっと起伏がない道に変わった。シラヤマギクが咲いている。アキノキリンソウやコウゾリナも黄色い花をつけて、秋の訪れを告げている。

スギ木立の中にブナが見え始め、ススキが生い茂る古い作業道に出た。ここを10メートルほど左にたどり、最後の上りに入る。雪で倒れたスギの小木が、あちこちで道を遮っていて歩きにくい。ナナカマドの赤い実が、日差しを浴びて鈍く光っている。

スタートして2時間、やっと主尾根の分岐に出た。「道宗道《どうしゅうみち》」と書かれた標柱が立てられている。この道は、五箇山の赤尾で暮らしていた道宗という農民出身の僧が、月に1度、井波の瑞泉寺へと通ったところだ。道宗という名前は、浄土真宗本願寺の8代当主・蓮如《れんにょ》上人からつけてもらったもので、道宗は真宗信仰を五箇山の全戸に広めた人。つまり、道宗道は由緒ある古道なのである。

番人のようなブナの巨木

赤祖父山は赤祖父川の上流一帯の山のことで、1番高いところは扇山《おおぎやま》と呼ばれる。まずはその頂に向かい、スギ木立の中の道宗道を南へ進む。小さく下って右へ曲がると、まるで線引きしたようにスギ林が消え、ブナの原生林が現れる。

スギ林とブナ林の境界に、幹周りが3メートル以上ありそうなブナが立っている。大きな枝を八方に広げた姿は、まるでブナ林関所の番人のようにも見えた。

「樹齢、300年以上経ってますね」などと話しながら、ブナ林に続く古道を進む。

大きくえぐられたぬかるみがあり、見ると、イノシシの足跡がいたるところについている。体についたダニや寄生虫を、泥の上に寝転がって落とすヌタ場なのだろう。「イノシシのお風呂場ですね」という杉本さんの言葉に、一同うまい表現だと感心する。

道宗道で瑞泉寺へ

扇山はそこからすぐだ。山頂といっても、道端に標柱が1本立てられているだけの通過点だ。「見晴らしがいいところはないんですか」と山岸カメラマンに聞かれ、「ありません、どこにも」と答える。この山の魅力は、眺望の良さではないのだ。さらに道宗道を行くと、心地良さそうな広場がある。ここで腰を下ろし、ゆっくりと昼食をとる。

来た道を車止めまで引き返したら、道宗にならって真宗大谷派の瑞泉寺へ向かう。瑞泉寺を訪れるのは全員初めてだ。「スッゴーイ、こんな立派なお寺が井波にあったなんて」と目を見張る。大きな山門は井波彫刻の原点でもあるという彫り物だらけ。門から中をのぞくと、北陸有数といわれる大伽《が》藍《らん》が迫る。「われわれ、知らないことがいっぱいありますね、世の中には」。全員が、また己の無知を思い知らされた。

ススキが生い茂る作業道

瑞泉寺山門の壮麗さにびっくり

おすすめの湯

ゆ～ゆうランド 花椿

赤祖父ため池のほとりに、ゆ～ゆうランド・花椿という温泉があります。黒塗りの柱に漆喰《しっくい》の白壁という和風の建物は、南砺市井口体験交流センターとして使われ、平日でも多くの市民でにぎわっています。浴室には、大小3つの浴槽や、国内に3カ所しかないというマイナスイオンが豊富な特殊サウナがあり、外には露天風呂もあります。湯はナトリウム塩化物を含んだ褐色で、腰痛、肩こり、神経痛、胃腸病から皮膚病、冷え性までと幅広い効能があります。

生け垣に囲われたぬるめの露天風呂にのんびり浸かり、「入らずの山」を守り続ける麓の人たちや、そこに続く道宗道や瑞泉寺に思いをはせるのも、また味わい深いものです。

南砺市井口字持掛谷35
0763-64-2288
営業時間●10時～21時
定休日●水曜(祝日の場合はその翌日)・年末年始
料金●大人500円、小人(小中学生)300円

14 負釣山《おいつるしやま》

標高 959.3m

参考コースの所要時間
約3時間50分

見事な樹林にうっとり
マイナスイオン胸いっぱいに

緑がいっぱいで
空気がおいしい

負釣山《おいつるしやま》は富山県入善町で1番高い山。谷を隔てた東隣には、朝日岳、長栂山《ながつがやま》、白鳥山と、栂海新《つがみしん》道《どう》で結ばれた北アルプス最北端の尾根が親不知《おやしらず》へと延びる。その様子が山頂から手に取るように見える山だとわかったところで、「これは出かけなくては」となる。天気予報は晴れマーク。条件は申し分ない「はずだった」が、金沢をスタートする時から雲行きが変なのだ。明るい空と黒い雨雲が、交互の帯状になって富山方面へと続いていて、黒い帯にさしかかる度に、雨が激しくフロントガラスをたたくのだ。こういう時の気持ちは実に情けないもの。「うーん」「ウーム」と、会話もすっかりなくなったところで、老人ホーム「寿楽苑《じゅらくえん》」と「バーデン明日《あけび》」温泉の前にさしかかった。

雨具を羽織り出発

舟川沿いに道を辿《たど》ると、山神

参考コース　スタート **オコ谷の峠登山口** ▶1時間40分▶ **7合目** ▶30分▶ **負釣山** ▶20分▶ **7合目** ▶1時間20分▶ **登山口**

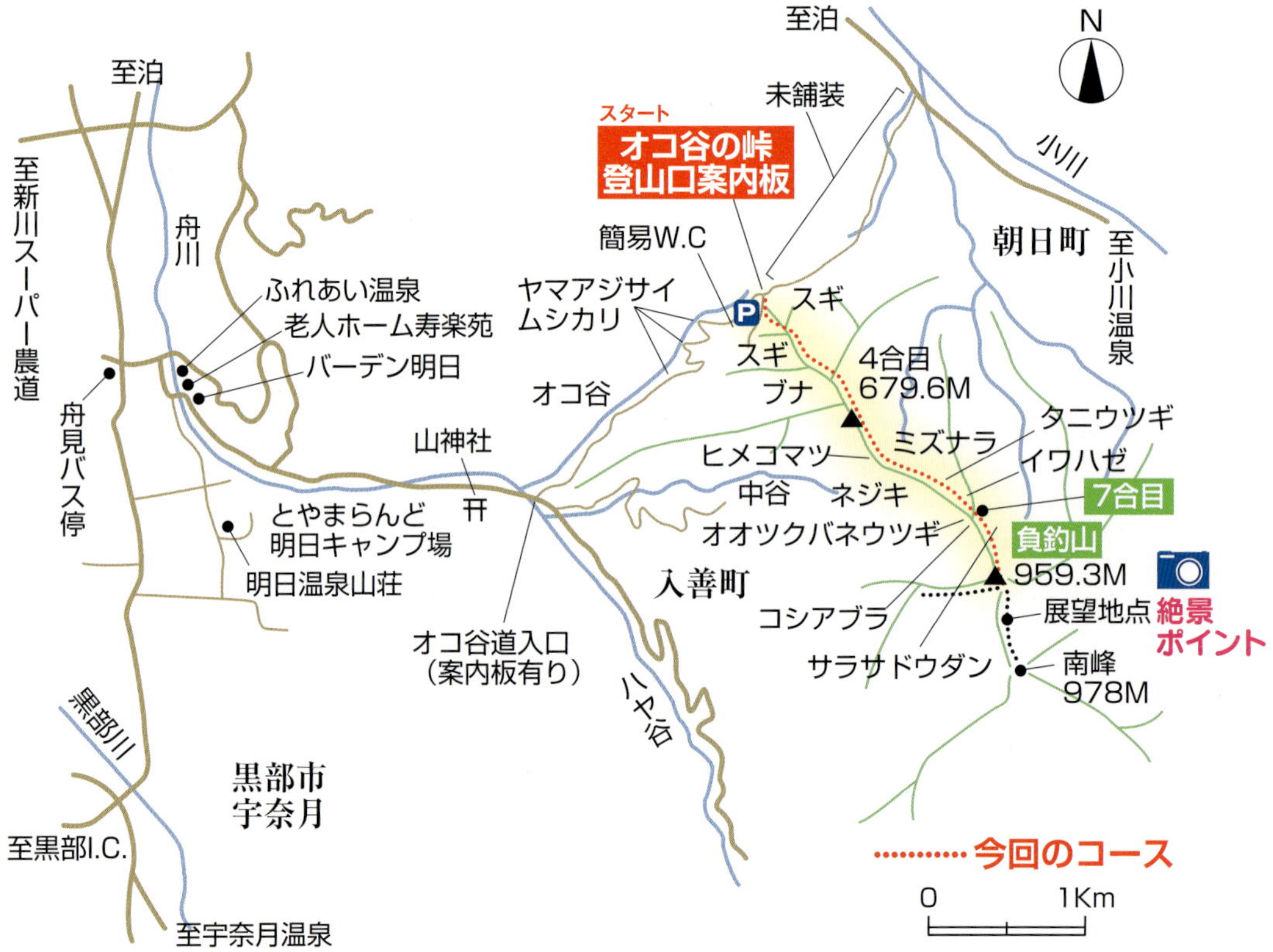

社の前にさしかかる。オコ谷道の分岐はそこから少し先。案内標識に従ってきれいに舗装された林道を、登山口へと向かう。右手の草むらに簡易トイレが置かれている。駐車場はそのすぐ先、道幅が大きく広げられていて、立派な案内板が立っている。オコ谷の峠だ。林道の舗装はここまで。その先は、砂利道となって小川の方へと続いている。雨は、雨具を羽織るほどではないが、相変わらずボソボソと降っている。

真っ先に車から飛び出してきたのは杉本侑理さん。山岸カメラマ

負釣山の入り口

■おすすめの季節

新緑の5月から花がいっせいに咲く6月、そして晩秋の11月まで楽しめるが、盛夏は避けよう。

■アクセス

北陸道黒部インターから主要地方道14号線で宇奈月方面へ向かい、愛本で左折して愛本橋を渡り13号線（舟見街道）を舟見ふれあい温泉、バーデン明日へと向かう。温泉の前をさらに山に向かって進み、右手の山神社を過ぎた先を左折してオコ谷道に入り、峠の手前にある登山口へ。

■アドバイス

登山口に簡易トイレがある。水は沢筋なので、登山口近くでも得られるが、持参した方が安心。スタート してしばらくは林道歩きで、途中階段状の道から尾根に取り付くことになる。

■お問い合わせ

入善町役場農水商工課　✆0765-72-1100
●国土地理院地形図　2万5千分の1地形図「舟見」

ンと相棒はなかなか出てこようとしない。全員覚悟を決めて身支度していると、車が1台やってきてすぐ右隣に止まる。地元からきた2人連れで、「石川県からですか、ずいぶん遠いところから」と、私たちを気の毒そうに見ながら雨具を羽織って歩き出す。我々も傘と雨具の併用で後に続く。尾根に取り付く登山口は、駐車場から南へ延びる作業道を少し辿った先にある。

幻想的な光景

まず擬木の階段に足をかけたところで「ウワアーッ、マイナスイオン、いっぱい吸っとこーっ」と周囲の酸素を吸いまくる杉本さん。リラックスするのに効果があるらしいが、もともとリラックスしている彼女にはどんな効果があるのだろうと、疑問を感じながらミズナラの中を上ると、「1合目」と書かれた標識の脇にさしかかる。杉木立をやり過ごしたところで、もうひと上りすると、モヤがかかった中に、水分をたっぷり含んだブナの樹林帯が広がっている。「おおーっ、いいなあー」と、「イーナー」を連発する私に、「今日はどーかしてませんか」と仲間たちと顔を見合わせながらニヤニヤする山岸カメラマン。「いやー、いいよ、これ」と目を見張る私の隣で、「幻想的ですね」と、眼前に広がる光景を的確に表現する杉本さん。「たしかに幻想的ではありますがねえ」と、モヤーッとボヤけた被写体に渋々レンズを向ける山岸カメラマン。

感動はそれだけにとどまらない。比較的広い道幅に、木の根がちょうど歩きやすいように段差を作って、先へ先へと誘うのだ。こんなに気持ちのいい登山道を歩くのは久しぶりだ、という感動も同居しているのだ。さらに急登《きゅうとう》のあとは必ず水平道になって、そこに必ず「○○合目」の標識が立てられていて励ましてくれるのも、こ

左上から時計回りに、ピンクのサラサドウダン、薄紫のフジ、薄いピンクのタンウツギ、ラッパのようなツクバネウツギ、イワハゼ、ムシカリ

の日の精神状態にはプラス要因となる。

4合目のすぐ先に三角点が埋め込まれている。西側斜面が刈り払われているが、明日《あけび》の家並みや黒部川は一面ガスっていて望めない。眺望をあきらめて、再びブナの中に潜り込む。5合目を過ぎたあたりでヒメコマツの巨木が群落をつくって迎えてくれる。うす紫のフジがミズナラの枝からスダレ状に垂れ下がっている。タニウツギ、サラサドウダンがピンクの花をつけて咲いている。道がヤセ尾根にさしかかると、その先にイワハゼが白い花をつけて足元に広がっている。そこを乗り越すと7合目だ。

「今日はあんまり疲れませんね」と山岸カメラマン。「まわりが見えないからでしょうか」と杉本さん。小さく下って登り返す途中に、今度はラッパ形の白い花が二つずつ仲良くくっついているツクバネウツギが咲いている。9合目の案内からほんの少し、最後の急登をワイワイとやりながら上ると、明

こんな険しいところもあります

こんな足場のところもありますが…

るく開けた山頂に出た。

駐車場で出会った2人は、すでに昼食を終えてのんびりくつろいでいる。我々は、ちょっと罰当たりだけど、八角形の方位盤をテーブルがわりに湯を沸かし始める。地元の2人連れは、実はすぐ下の老人ホーム寿楽苑で働く仕事仲間。「地元というよりふもとからってとこですね」「気分転換にやってきたんです」と、デイサービスを担当していることや、山を始めてまだ日が浅いことなどを話してくれる。

雨がやんだ。空が明るくなり、薄日がさし始めるが、「しかし何も見えませんねえ」と、ここでまたみんなでため息。「まあ、登ることができただけで良しとしましょう」と、ゆっくりくつろいで山頂を後にする。

木々がくっきり

谷筋からやわらかな風が吹き上げてくる。ガスが切れて木々がくっきりと目に映るようになる。これがまた新鮮で、例の「イーナー」が飛び出す。

1合目の標識まで下ると、車止めまではほんのわずか。白いムシカリが咲いている。ヤマボウシはまだ薄緑色だ。天気予報にはだまされたけど、もう少し歩いていたいような、負釣山はそんな気にさせる山だ。

地元の登山者と記念撮影

緑一色の登山道も美しいです

おすすめの湯

バーデン明日

黒部川《くろべがわ》扇状地の東南端に位置する「バーデン明日」は、舟見山《ふなみやま》や負釣山《おいつるしやま》などの山々が間近にそびえる自然豊かな環境にある。緑の山並みやのどかな田園風景を堪能《たんのう》したあとは大浴場へ。打たせ湯、寝湯《ねゆ》、泡風呂などの浴槽が並び、多様な温泉浴が楽しめる。

自慢は露天大岩風呂。巨石を配置した純日本風の庭園に縦・横10メートル余りの大きな湯船が広がり、湯煙を上げている。源泉をそのまま使った大きな露天風呂は、毎分1400リットルという豊富な湯量なればこそ。泉質はナトリウム―炭酸水素塩・塩化物泉で、神経痛や慢性消化器病などに効く。特に美肌効果が高く、初入浴でこの湯のファンとなり、以来通い続けているという女性客も多い。室内プールは夏休み期間のみオープンしています。

下新川郡入善町舟見　☎0765-78-2525
営業時間●10時～21時
（受付9時30分～20時）
定休日●月1回不定休
料金●大人500円、3歳～小学生400円／個室休憩1室3000円～

15 白《しら》倉《くら》山《やま》

標高 878.3m

参考コースの所要時間
約3時間35分

ヤブをかき分け倒木くぐり 急斜面から一気に山頂へ

緑が映える山道を進む

北陸道滑川インターから蓑輪《みのわ》の集落へと向かう。助手席でガイドブックに目を通していた山岸カメラマンが「覚悟して登ろうって書いてありますよ」と言う。早月川沿いの道を進み、蓑輪の堰堤《えんてい》が見えてくると、その先に三つのコブになった白倉山が顔を出す。「そういえばキツそうですね」と後部座席から身を乗り出して山に目をやる小川明日美さん。相棒は600メートルほどある高度差をやたら気にしている。こうして全員が思い思いに「覚悟」を決める。

札で山菜の乱獲防止

堰堤のすぐ先のトンネルを抜け、小早月川《こはやつきがわ》に沿って虎谷《とらだん》の集落へと向かう。登山口に続く林道の入り口は集落のはずれ、水原谷《すいわらだん》が右手から合流する先だ。橋が

参考コース
スタート 駐車スペース（水原谷合流点）▶20分▶登山口（虎谷受水槽）▶50分▶五合目▶35分▶真ん中のコブ▶15分▶白倉山（右のコブ）▶40分▶五合目▶35分▶登山口▶20分▶駐車スペース（水原谷合流点）

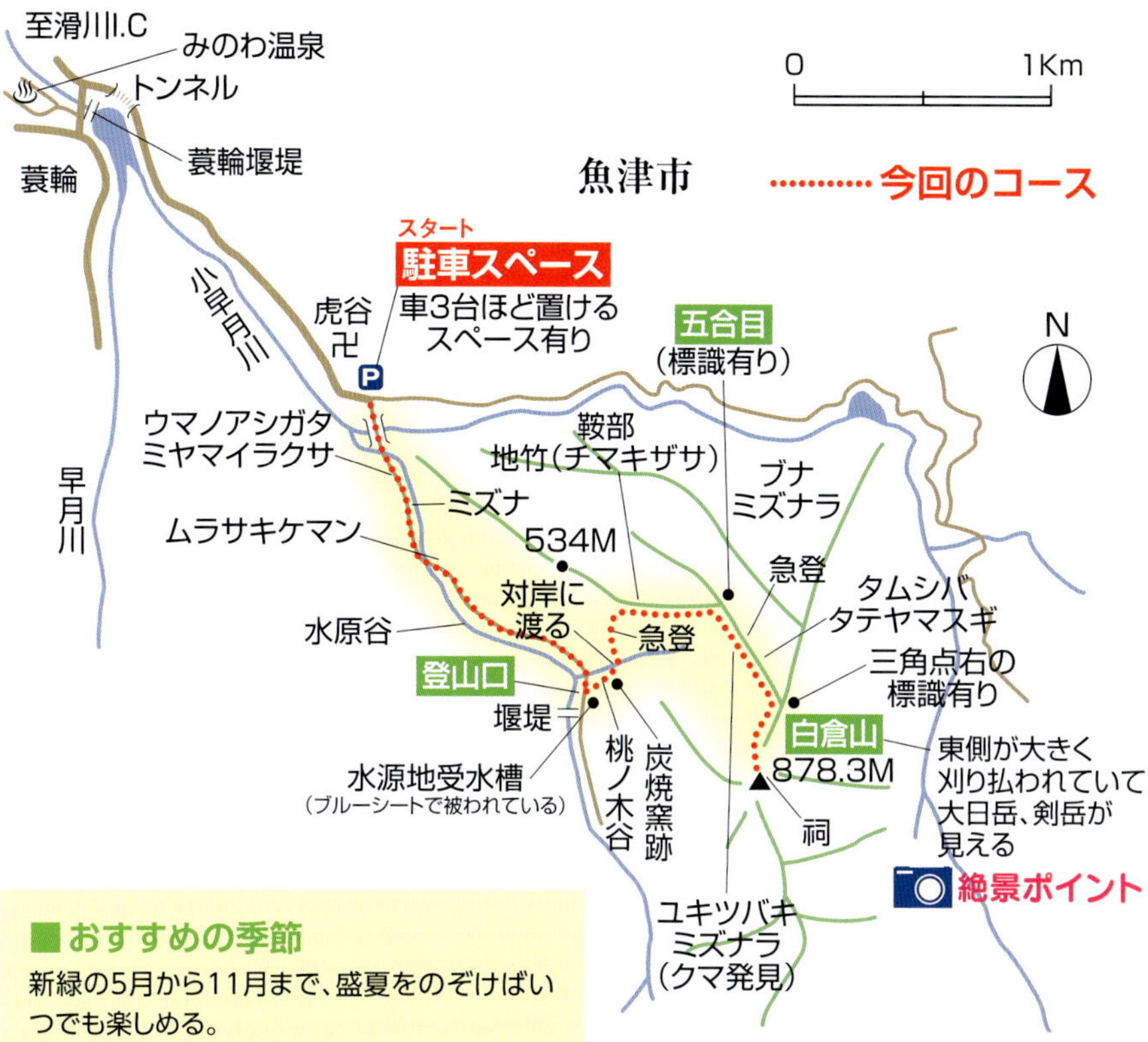

■おすすめの季節

新緑の5月から11月まで、盛夏をのぞけばいつでも楽しめる。

■アクセス

北陸自動車道滑川インターから県道320号線に出て蓑輪へ。そこから141号線を虎谷に向かう。虎谷の集落を過ぎた先の右手、スタート地点である小早月川に架かる橋を渡る。

■アドバイス

車は橋の周辺の道幅が広くなったところに置こう。橋にはクサリがかけられている。登山口のすぐそばが集落の水源になっているので、林道には一般の車は立ち入り禁止。山菜やキノコなどの採取はやめよう。トイレは途中にあるみのわ温泉駐車場にある。水は沢筋で得られる。急登の上、山頂手前から道がわかりにくいので、山に慣れた人と同行を。必ず2人以上で行き、クマ対策も万全に。

■お問い合わせ

魚津市役所商工観光課　0765-23-1025
●国土地理院地形図
2万5千分の1地形図「越中大浦」

ムラサキケマンも見つけました

サオトメバナとも呼ぶタニウツギ

トクワカソウは高貴な色

小早月川のわきに群生するキンポウゲ

架かっていて、その前の道路脇に車が3台ほど置けるスペースがある。橋には鎖が掛けられていて、「私有地につき立ち入りご遠慮下さい」と書かれた札が下がっている。ゼンマイなど山菜の乱獲を防ぐための手段なのだ。

虎谷で暮らしているのは常時3軒。その1軒である金山石材の金山忠義《ただよし》さん（当時71）は、白倉山に奉られている祠《ほこら》や登山道に立てられている石の標識を手掛けた方だ。「白倉小学校（現在は休校）の最初の卒業生だったかな。水口

山頂から見た大日岳

ストックにはクマよけの鈴をつけました

がけを登るのも大変

スタートはこの橋から

さん兄弟が作った登山道だな」と言う金山さん。登山口のそばが水源地になっているので、一帯が汚されることを心配してあまり賛成ではなかったと言う。

橋に掛けられた鎖を跨《また》いで林道に足を踏み入れる。タニウツギが川面を被い隠すように生い茂っている。陽当たりのよい道端にはキンポウゲ（ウマノアシガタ）が群生している。「気持ちいいーっ」と両手を広げて伸びをする小川さん。そこへ軽トラックがやってきた。地元のオジさん3人が乗っていて、荷台には採ってきたばかりの山菜が積まれている。「クマ獲りかい」と軽く声をかけられ「いや、山登りです」と言うと「ああ、行ってこられ」と返ってきた。

水原谷に架かる最初の橋を渡ると、杉木立の中のジメジメした道となる。ヤマドリゼンマイ、クサソテツなどのシダ類に混じって、ミツバやミヤマイラクサなど日陰を好む植物が一面に広がっている。二

岩をぬうように流れる水原谷

つ目の橋を渡ると、再び陽当たりのよい道になる。紫色の花をつけているのはムラサキケマンという難しい名前の草のようだ。

急坂多く シダかきわけ進む

登山口はそこから間もなく。左手から桃ノ木谷《もものきだん》が合流した少し先の、水源用受水槽がブルーシートで覆われている手前だ。半分に割れた案内標識に従って杉の植林地に入る。倒木をよけながら斜面につけられた踏み跡を上ると、シダで被われた炭焼窯跡にさしかかる。踏み跡はそのすぐ先まで。桃ノ木谷の対岸を目で追うと、数メートルほど上がったところの木に古い赤布がつけられているのが見える。「ここですね」と谷を渡り急斜面を上る。草付きの斜面を横切ると、今度はヤマモミジやソヨゴなどの樹林帯の中を辿《たど》る岩混じりの急坂となる。訪れる人が少ないのだろう、お世辞にも歩きやすいとは言えない道だ。

冷や汗をかきながら、やっとのことで尾根に出ると、そこから一度小さく下って鞍部《あんぶ》に。地竹（チマキザサ）が生い茂っていて、ここも道は不明瞭だ。たまにつけられている赤布を見落とさないように進むと、ミズナラの木々の間に手入れされていない急坂道が続いている。とはいえしっかり覚悟を決めている仲間たち、粘り強く黙々とこの坂道を上っていく。左手の尾根が合流したところに株立ちをしたブナが2株。この日初めての平地には「こんにちは、五合目」と金山さんが彫った石の標識が立っている。「まあ、ひと息入れましょう」と汗を拭き、飲み物を補給する。

「クマ」に 張り詰める場面も

「では」と立ち上がり、段差の大きい坂にさしかかったところで、先頭を歩いていた山岸カメラマンが「あっ、クマ」と後戻りしてくる。「えっ、どこ」と見つけようとする隣で、あわてて鈴を鳴らす相棒。山腹に茂るユキツバキがガサガサッと大きく波を打ちながら遠ざかって行く。林道で会ったオジさんたちに「クマを獲りに行くのか」と聞かれた意味がわかった。

その辺りからタテヤマスギの古木が現れ始める。道は足がかりも少なく滑りやすいので、木の枝や地竹につかまって上へ上へと進む。やがて傾斜が緩くなり、「お疲れ様です。右三角点」と彫られた石

蓑輪の堰堤と白倉山

柱の前に出る。三つのコブの真ん中のピークだ。相変わらず不明瞭な踏み跡を辿り、一旦鞍部に下って上り返すと三角点が置かれている右のコブに出た。ここはもちろん急登を頑張った記念に仲間たちと握手だ。

覚悟して登る山

山頂は東側が大きく刈り払われていて、大日岳が眼前に大写しされている。そのちょっと左手上に剱岳が頭を出している。スギの大木の根元に「記帳入れ、登山記念」と書かれた板が置かれていて、排水用ビニールパイプを利用して作られた記帳入れがある。さっそく開けて「チームアクタス取材にて、やっと登りマシタ、イエイ」と書く小川さん。記帳は今年に入って3組目、1週間前に記帳した人は道に迷って3時間かかったとある。

「ここ初心者にもおすすめというわけにいきませんね」「経験者といっしょにって書いとく方がいいですよ」と仲間たち。確かに、白倉山は間違いなく「覚悟して登る」山だ。

山頂で山の記録帳に署名

おすすめの湯

みのわ温泉

蓑輪の堰堤を渡って早月川沿いに右手に下ったところに滑川市が経営する「みのわ温泉」があります。源泉は早月川温泉で、42℃の加温していないナトリウム、硫酸温泉（低張性・弱アルカリ性）です。と聞いてもよくわかりませんが、神経痛、筋肉痛、関節痛、痔、冷え性はもちろん切り傷、やけど、そして五十肩にも効能があるのだそうです（昨年秋あたりから違和感を感じている六十肩には効くとは書いてありませんでしたが含むようです）。

周辺にはテニスコートやバーベキュー施設もあって、今流行の「癒しとリフレッシュのリゾート地」をキャッチフレーズにしています。

湯加減は熱くなくぬるくなく、肌がつるつるする感触で、窓越しに山と川を眺めながらくつろげます。

滑川市蓑輪28　☎076-474-1770
営業時間●9時～21時
定休日●火曜（祝日の場合はその翌日）・年末年始
料金●大人（中学生以上）510円、小学生250円、幼児100円

16 祖父岳《そふだけ》

標高 831.6m

参考コースの所要時間
約1時間35分

ロープ伝いに急坂を山頂へ 目を見張る滝、心打つ出会い

幹周りが10メートル近いスギの巨木に圧倒されました

坂の街・八尾から野積川《のづみがわ》沿いに南へと向かう。コスモス畑を横目で眺めながら、しばらく走ると「川倉不動滝」の案内が目に飛び込んでくる。「ちょっと寄り道しませんか」と山岸カメラマンに催促されて、段々畑に続く道をひと上り。駐車スペースが設けられていて、そこから歩いてすぐのところに見事な滝が現れる。落差は8メートルほどだが、滝頭から太い水がドーッと落ちている。「とやまの滝」37カ所に選ばれていて、滝開きは毎年7月11日。護摩《ごま》が焚《た》かれ、多くの信者たちが滝に打たれて無病息災《むびょうそくさい》を願うという。

小学校の二宮尊徳像

道草を食ったところでさらにひとっ走り、目指す祖父岳《そふだけ》への分岐となる広畑小学校の跡地にさしかかる。「わあ、なつかしい」と敷地跡に残されている二宮尊徳（金次郎）の像にかけよる小川明日美さん。そこからは野積川の支流・

谷折川《たにおりがわ》沿いの狭い道となる。対向車を気にしながら4キロほど走り、谷折橋が見えたところで左に渡る。コンクリートで舗装された急坂道をグンと上り、視界が開けると水田が目に飛び込んでくる。

その先は行き止まりになっていて、右手に竹原銀松さん(当時88)の家が現れた。かつては5軒あったというこの集落で、ただ1軒だけ残っている家だ。

今回の山歩きで楽しみにしていたのは、その竹原さんにお会いして、谷折のことや山での暮らしなどの話を聞かせてもらうこと。すぐそばの畑で仕事をしている竹原さんを見つけて声をかけると、ブロッコリーの苗を植える手を止めてニコニコしながらやってきた。

山の中が住むには一番

竹原さんは現在1人でこの谷折に暮らしている。「はあー、530年から540年前あたりらしいっちゃ、飛騨からここへ来たのが始まりだっちゃ。うーん、ワシで24代目か25代目かなあ」と竹原さん。古い書き物によると、当時の地名は谷宇連《たにうれ》だったと言う。

薬草でもある
ゲンノショウコ

ホオズキに郷愁を
誘われました

色とりどりのコスモス畑

参考コース スタート 登山口 ▶ 50分 ▶ 大杉 ▶ 5分 ▶ 山頂 ▶ 40分 ▶ 登山口

■おすすめの季節

4月から11月まで楽しめるが、木々が紅葉する10月半ば過ぎがおすすめ。

■アクセス

北陸自動車道富山西インターから国道472号線に入り八尾を経由して八十島へ。そこから県道323号線で不動滝入り口の前を通って布谷から谷折へと向かう。谷折峠への上りが始まる手前にある谷折橋を渡り、坂道を上りきった終点が登山口。

■アドバイス

登山道は急坂の連続なので、滑らないように注意を。駐車場は竹原さん宅のすぐそばなので、姿が見えたら声をかけておこう。

■お問い合わせ

富山市役所八尾総合行政センター
✆076-454-3111
●国土地理院地形図　2万5千分の1地形図
「利賀」「山田温泉」「八尾」

天然記念物の「谷折の一位」

1人で住む竹原さん（右）にお話をうかがいました

小学校跡地にあった二宮尊徳像

不動滝

戦時中南方に出兵していた竹原さんは、トラック島で自給自足での戦いを強いられた。「イモ作ったり、木の実食べたり。山の中におったもんはみんな生き残ったけど、都の方におったもんは、栄養失調になって死んで行った」「山ん中っちゃあネー、住むにゃ一番だっちゃ」と目を細める。「1人で寂しくないですか」と訪ねる小川さんに、「いやあ、週末には子どもらが訪ねてくるから」と幸せそうにタバコに火をつける。

「それじゃ、ちょっと登ってきます」と立ち上がる。祖父岳への登山道は、竹原さんが町にかけ合って整備されたもの。まず竹原さん宅の裏手にある富山市八尾町の天然記念物「谷折の一位」（イチイの大木）に敬意を表して、ススキが生い茂った中に続く広い道を歩き出す。クズの花がいたるところに咲いている。足元には濃いピンクの花をつけたゲンノショウコ。小さな沢を二つ跨《また》ぐと、山腹につけられ

すぐ東隣には夫婦山が

杉木立にさしかかると傾斜も緩くなります

ロープ伝いに急な坂道を上ります

た上りが始まる。道幅が狭くなった岩場にロープが現れる。2回ほどジグザグと上ると、すぐに尾根に取り付く。が、この尾根はかなりの急傾斜。ロープが張られていて、それを頼りに滑りやすい道を乗り越す。そしてまたロープ。このロープ伝いの上りが、これでもか、これでもかと続くのだ。「ひと息入れる場所もないですね」と、急な斜面で一服する仲間たち。

「ロープ、ロープ」

20分ほどあえいでいると、平坦とはいかないが、右手が開けて谷折の集落跡が見えるところにさしかかった。「竹原さんの家が見えますね」とシャッターを切る山岸カメラマン。ミズナラの樹林からヒメコマツ帯にさしかかると傾斜はさらにキックなり、まさに「ロープ、ロープ」状態。さらに20分ほど汗を流して、なんとか平なところに出た。そこから先は、杉木立の中に続く緩やかな上りとなる。すぐ前方に、バカデカイ杉が姿を現す。幹周りは10メートル近くありそうだ。「それじゃあ」と、さっそく小川さんに木に寄りかかったポーズを迫る山岸カメラマン。「それって、ワンパターンじゃあないですか」との小川さんの抗議に、「そういえばそうですね」と自然体ポーズに修正だ。

山頂はそのすぐ先、ポッカリと口をあけたように明るい空が映しだされると、上りは終わりだ。「短かかったけど、なんか登ったっていう実感がありますね」と汗を拭《ぬぐ》う小川さん。ぐるりと刈り払われた山頂からは、東に双耳峰《そうじほう》の夫婦山、眼下には松瀬の集落から八尾の町並みが北へと続き、西には牛岳がドーンと構えて横たわっている。

丸太を削ったベンチが二つ。その真ん中に木の記念碑がある。「創校１２０周年記念登山、平成６年10月22日広畑小学校ＰＴＡ」とある。

野積の川の岸近く
窓に仰ぐや祖父の岳

小学校跡地の碑に刻まれていた校歌だ。その裏には、「創立明治6年8月17日、閉校平成17年3月19日、卒業生２３００余名」とあった。

ひんやりとした風が吹き抜けて行く。谷折は間もなく秋だ。

谷折の集落には竹原さんの自宅だけが残っている

山頂で休憩です

山頂からの眺望は抜群

おすすめの湯

八尾ゆめの森 ゆうゆう館

「八尾といえばやっぱりソバですね」「利賀村の時も同じこと言ってましたよ」ということで、おいしいソバと温泉が同時に楽しめる八尾ゆめの森・ゆうゆう館に立ち寄りました。中山間地活性化施設として受託運営されているこの温泉は、神経痛、皮膚炎、切傷、火傷などに効能がある泉質を持っていて、源泉の温度は54・3度。風の盆をイメージした「おわらの湯」や「曳山《ひきやま》の湯」を始め、岩風呂と桶の風呂が並ぶ露天風呂など、自然の中でゆったりくつろげます。

汗を流したら、休憩所にある「八尾そば大楽」（11時～14時営業）に直行です。定番のざるそば、あたたかい鴨汁でいただく鴨ざる。そばは更科風の細切りで、喉越《のど》しは最高。八尾での湯上りにはこれしかありません。

富山市八尾町下笹原678-1
076-454-3330
営業時間●9時～22時
定休日●水曜（祝日の場合は翌日）、9月1、2、3日
料金●大人（中学生以上）600円
小人（3歳以上）300円

17 夫婦山《めおとやま》

標高 784.1m

参考コースの所要時間
約1時間45分

仲良く寄り添う男峰と女峰
360度のパノラマも満喫

杉林の中はひんやりとした、すがすがしい空気に満ちている

八尾《やつお》から南へ10キロほど入った谷あいに、小井波《こいなみ》という旧集落がある。数軒ある民家は1軒を残してすべて廃屋。そんな集落の東側に夫婦山《めおとやま》という双似峰《そうじほう》の山がある。

万葉歌人、猿丸大夫の気分に

男峰と女峰が仲良く寄り添っている姿が、とてもいいのだ。さらには、この集落を終《つい》の住処《すみか》とした猿丸大夫《さるまるだゆう》の歌「奥山に　紅葉ふみわけ鳴く鹿の　声聞くときぞ秋は悲しき」である。百人一首の5番目に出てくる歌だと知って、これは夫婦山に登るしかない、となった。さっそく五七五の秋に出合おうと車を飛ばす。あっちこっちと迷った末、やっと久婦須川《くぶすがわ》沿いの谷あいに出る。ホッとして桐谷《きりたに》の集落に向かう道々、今度はダンプとひっきりなしにすれ違うようになる。小井波峠にさしかかったところでイヤな予感は的中した。

参考コース スタート 車止め ▶35分▶ 松瀬峠 ▶10分▶ 女峰 ▶8分▶ 松瀬峠 ▶10分▶ 展望岩 ▶5分▶ 男峰 ▶10分▶ 松瀬峠 ▶25分▶ 車止め

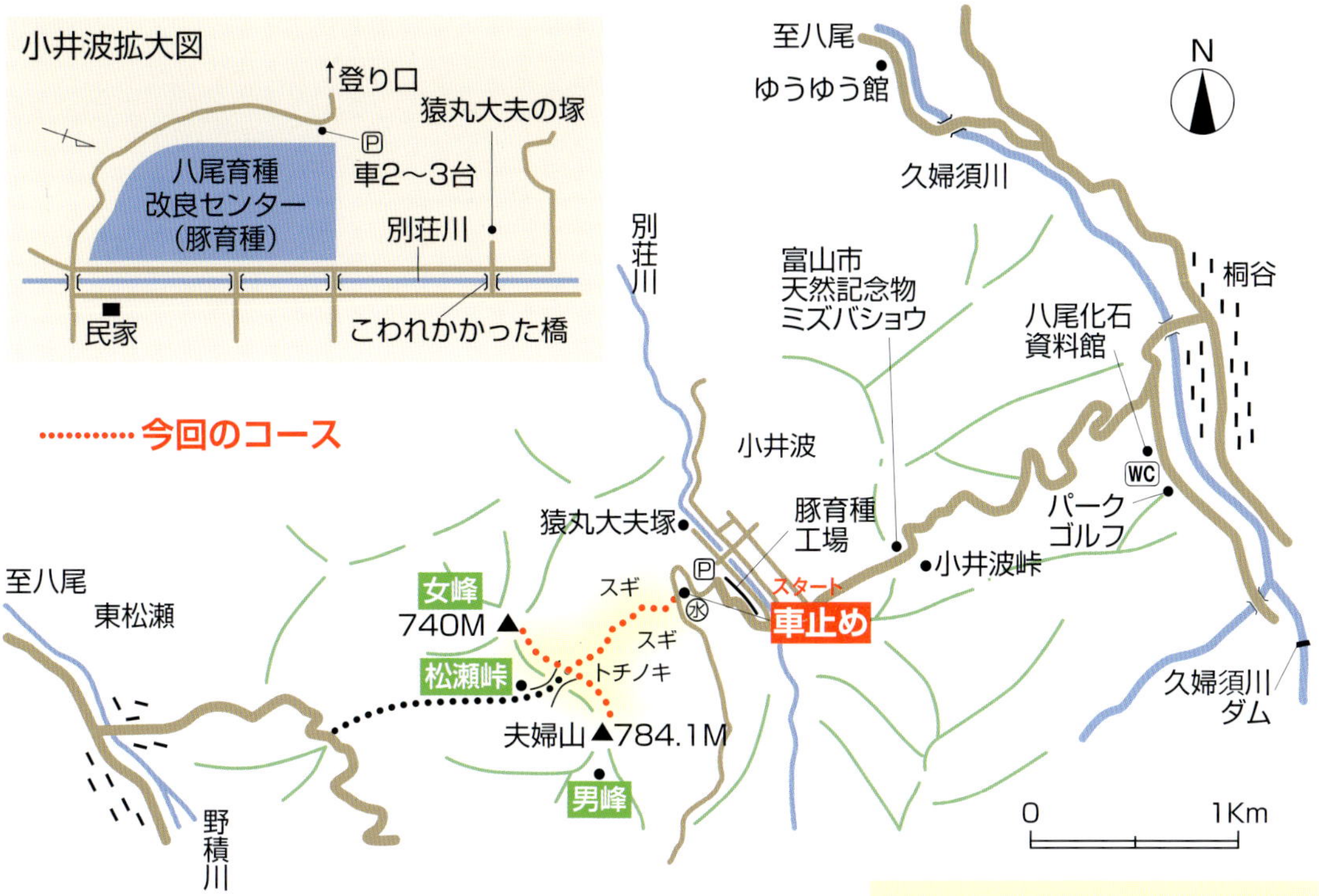

トチの実

アキギリ

ミソガワソウ

悲しいはずの秋の旧集落で、大型ダンプが音をたてて、なにやら造成工事の真っ最中なのだ。目を夫婦山の麓《ふもと》に向けると、麓と別荘川《べっそうがわ》の間にブルーのトタン屋根の建物が並んでいるのが目に飛び込んでくる。思わず「うーん」と唸《うな》る。

気をとりなおして、まずは別荘川を少し下った左岸にある猿丸大夫の塚に挨拶《あいさつ》に立ち寄る。塚のすぐ後ろは夫婦山の麓、右手奥には真っ白なソバ畑。心なごむ山里の原風景だけを目に焼き付けたところで、工場の裏手にある登り口へと向かう。

■おすすめの季節

雪のない季節ならいつでも楽しめる。紅葉の秋は特におすすめ。

■アクセス

北陸道富山西インターから国道472号線で八尾を経由して県道199から198号線に入って桐谷へ。そこから右折して、小井波峠を越え、別荘川を渡って道なりに登山口へ。

■アドバイス

アクセスがちょっと複雑なので、こまめに地元の方に教わりながら向かうと良い。松瀬峠から男峰への道は、岩伝いの急坂があるので注意して。猿丸太夫の墓は、別荘川を少し下った左手の草むらの中にある。水場は、登山口から少し歩いた左手に枝沢がある。

■お問い合わせ

富山市役所八尾総合行政センター
☎076-454-3111
●国土地理院地形図
2万5千分の1地形図「八尾」

「トチノキ坂」から松瀬峠へ

その先へと続いている、ちょっとヤブっぽくなっている道に沿ってしばらく歩く。ピンクと紫を混ぜたようなミソガワソウが、朝露に濡《ぬ》れて光っている。そしてすぐ左手斜面から水が落ちているところにさしかかる。ラーメン用の水をタンクいっぱいに汲《く》んだところで、登り口から杉木立の中へと分け入る。

丸太の階段がつけられている道は穏やかで歩きやすい。杉木立の中に続く道特有のひんやりとした感触を楽しむ。紫色のアキギリが現れ始めると、道に少しずつ傾斜が出てきて、やがて山腹のジグザグ登りになる。雪の重みで立ち並ぶ杉の根元が、まるで鋳型《いがた》にはめたように、同じカーブを描いて曲がっていた。

見事な山モミジに迎えられ、そこからひと登りしたところで、丸

ソバ畑の中の寺崎春香さん。一面に白い花が咲き乱れる

いよいよ夫婦山へ出発

山登りの前に猿丸大夫の塚を訪ねる

雪の重みで根元がカーブを描いた杉の木

潅木群を縫って女峰の山頂を目指す

今回の山登りで命名された「トチノキ坂」

まるとしたトチの実がそこかしこに落ちているのを発見。仰ぎ見ると、いつのまにか杉木立からトチノキの巨木帯にさしかかっている。ロープが張られた急坂にさしかかったところで「ここトチノキ坂って呼びましょう」となる。そのトチノキ坂を上り切ると、視界は一気に開け、松《まつ》瀬《せ》峠《とうげ》に出た。

　ベンチが二つ、男峰と女峰の分岐になっていて、東松瀬に続くかつての山越えの要所である。小休止して、まずは右手に続く道を女峰へ。なだらかな潅木群《かんぼくぐん》を縫って、穏やかな杉木立の道が山頂へ続く。山頂からは樹林越しに富山平野の広がりが見下ろせる。

　引き返したら、今度は男峰に挑戦だ。いきなりロープが現れて、木の根とロープにつかまりながら最初の急斜面を乗り越すと、こんどは巨岩が行く手に立ちはだかる。岩の基部を左に回ったところで再びロープ。なんとかクリアしたところでやっと展望岩への分岐に出る。展望岩はここから目と鼻の先。奇妙な形をした杉の古木のすぐ先に、突き出た格好で手招きしている。岩の上からは、先ほど登ったばかりの女峰をはじめ、富山湾まで見渡せる。

山頂からパノラマ楽しむ

　引き返してもう一度不安定な斜面をロープを頼りに登ると、男峰の山頂に出た。360度遮るもののない山頂には、方位盤が置かれていて、北から僧ケ岳《そうがだけ》、毛勝三山《けかちさんざん》、剱岳《つるぎだけ》がうっすらと眺められる。南には雲に覆われた白木峰《しらきみね》、西に目を向けると、みそ汁の椀《わん》を伏せたような祖父岳《そふだけ》。

山頂のパノラマを心行くまで楽しんだところで、峠に引き返して、ちょっと遅い昼飯にする。「ところで八尾でソバ食べるんですか」、「あとひと月待てば新蕎麦《しんそば》ですよ。八尾は見物だけにしましょう」。

憂愁《ゆうしゅう》を求めて出掛けたけれど、山はやっぱり、秋も楽しいものだ。

パノラマが広がる男峰の展望岩。左手には女峰が見える

展望岩そばの巨木の幹に腰かける寺崎さん

ロープを頼りに急斜面を登る寺崎さんの表情は真剣そのもの

男峰(左)と女峰(右)が寄り添う夫婦山

おすすめの湯

とやま天然温泉 ファボーレの湯

婦中《ふちゅう》町にある、富山県内最大級の郊外型ショッピングセンター「ファボーレ」。その敷地内に、数寄屋《すきや》造りの落ち着いたたたずまいを見せるのが「ファボーレの湯」だ。屋外には大露天風呂や一人入浴用の露天壺《つぼ》風呂、人工炭酸泉などが設けられ、星を眺めながらの入浴も楽しめると人気である。

浴場には大浴槽のほか、エステバスやローリングバスなど、ジェット水流によってマッサージ効果を高める7種類の浴槽がある。また、サウナは7段席のあるタワーサウナ、塩を全身に塗るソルティーサウナの2種類がそろっており、いずれも発汗による美容効果が高い。

また、地下900メートルから湧出する温泉は、胃腸病や運動器官障害、腰痛、肩凝りなど、多くの症状に効能がある。

館内には、北陸唯一の施設で韓国式のサウナの「プルガマ」火窯発汗房があり、100帖敷の広大なスペースは、ゆっくりと発汗を促し、女性に大人気です。

富山市婦中町速星123-1
☎076-466-1126
営業時間●月～木:9時～24時、金:9時～翌1時、土:7時～翌1時、日・祝:7時～24時、祝前日は翌1時閉館
定休日●不定休
料金●大人800円、子ども350円、会員大人700円、子ども300円／個室休憩1室1000円(1時間)

18 城《じょう》山《やま》(千石)

標高 757.3m

参考コースの所要時間
約1時間25分

剱岳遠望できる手軽な里山
下山後の芋煮会で「秋」を満喫

秋の透光が
すがすがしい

秋が終わりに近づいたら、あの山形地方の芋煮会《いもにかい》のまねごとがしたくなった。出掛ける先は千《せん》石《ごく》の城山《じょうやま》。山頂から剱岳《つるぎだけ》が眺められ、下山したらすぐ芋煮会に突入できる、という好条件の山なのだ。

北陸自動車道立山インターから剱岳の登山口がある馬場島方面へ向かう。稲村にさしかかったところで、分岐を東種《ひがしたね》方面へ進む。千石の集落に入り、「ふるさと剱親《しん》自然公園」の案内に従って鋭角に左折すると、間もなくダムに出る。早乙女湖《さおとめこ》と呼ばれるバックウオーターは、カヌーの国体競技会場にもなったところだが、早乙女集落42戸が湖底に沈んだところでもある。

剱岳を拝める身近な山

事前に焚《た》き火《び》の許可を得なくてはと、上市町森林総合センターに立ち寄るが留守。「ま、あわてて登っても、朝のうちは剱岳は逆

参考コース スタート 遊歩道入り口（駐車場）▶40分▶尾根筋の展望台▶15分▶山頂▶30分▶遊歩道入り口（駐車場）

可憐な姿を見せる野菊の花

紅葉が秋の深まりを告げる

光だから」と、早乙女湖を眺めながらのんびりしているところへ、公園の方から軽トラックがやってきた。「電話した者ですが」と挨拶《あいさつ》すると、「あんたたちかね」と、管理人さんが、長靴姿で降りて来た。

自然公園はもともと早乙女集落の畑だったこと、城山は地元の人たちが剱岳を拝む身近な山であることなどあれこれと教えてもらう。

「これから上へ行くから、ついてこられ」と言う管理人さんの案内

■おすすめの季節

一年中楽しめるが、剱岳がくっきりと見える春先と秋がおすすめ。

■アクセス

北陸道立山インターから主要地方道3号線で上市方面へ。上市駅前を右折して、主要地方道46号線を馬場島へと向かう。北島集落の先で東種方面へと向かい、「ふるさと剱親自然公園」の案内に従って、上市第2ダムを渡り、ビジターセンターのすぐ手前を左折して坂道を上ると登山口に出る

■アドバイス

登山口までのアクセスが複雑なので、カーナビ利用がおすすめ。トイレは公園にある。

■お問い合わせ

上市町役場産業課　✆076-472-1111
●国土地理院地形図　2万5千分の1地形図
「大岩」「越中大浦」

で登山口へと向かう。薬草園のすぐ上の駐車場を過ぎたところで右手のガレた斜面の上から、猿が我々を見下ろしている。斜面の裾《すそ》一帯には、薄紫の野菊(ヨメナ)が秋の終わりを見届けている。

城山遊歩道入り口は、そこからすぐ。たった1本だけど、りっぱなカラマツが生えている。それを見たとたんに「カラマツの林をすぎて」という有名な詩と長野の浅間山の麓《ふもと》に広がるカラマツ林を思い出し、「ああ、秋だなあ」と、意味ありげに空を仰《あお》いでみる。

「では、ぼつぼつ」と、山頂まで983段あるという擬木の階段に足を踏み出す。ミズナラ、イワガラミ、ハウチワカエデ……。知識のない私たち向けに、それぞれの木々には名札がこまめにつけられている。それを皆で、クリ、コナラ、サワグルミと大声で暗唱《あんしょう》しながら、うっそうとした杉木立を抜け、枝沢に架かる橋を渡ると水場が現れた。さっそく水場に向かうが、石がヌルヌルし、足場が不安定なため、なかなかうまくすくえない。

空に向かって真っすぐに伸びる杉木立の中をゆく

落ち葉を踏みしめ山頂を目指す

山は秋の気配が濃い

肝心の剱は雲の中

水場のすぐ先にベンチが二つ。ここでも時間つぶしの休憩となってしまい、汗を全くかかない。そこへ2人連れの年配の男性がやって来た。富山市内に住むHさん（当時65）とTさん（当時67）で、年金生活に入ったのを機に山歩きをしているのだと言う。「ここは今年に入って十何回目かな」とHさん。「剱岳、雲がかかってるようですよ」と返ってきた。

木々の名前を確かめながら、ゆったりと登る

2人が腰を上げたところで我々も続く。真っ赤に色づいたヤマモミジの隣に茶色のコナラ、黄色のブナ、クロモジがひしめくようにトンネルを作っている。道草は心地よく、なかなか先へ進まない。尾根に出たところで、またベンチ。剱岳の方に目をやると、案の定、薄雲がかかっていて、前剱のあたりと三ノ窓がぼんやりと特徴のある輪郭を見せるだけ。「うーん、やっぱりダメか」と、足元の倒木を見ると、うまそうなキノコが出ている。

水場で喉を潤す

山頂まで983段の
登りのスタート

芋煮会を前に幸先いいぞと採ったものの心配なので、持ち帰って調べることにする。

芋煮会で 食欲の秋を満喫

ここから山頂までは、樹林におおわれた快適な尾根道だ。最後の階段を登り、広い山頂に出ると、Hさんから缶ビールが差し出される。「これが楽しみでね」とHさん。うっすらと見える早月川から中山、そして剱岳へと続く早月尾根。「やっぱりダメでしたね」「もう少し冷え込まないと」と、しばらく山談議。

剱岳との久しぶりの再会は果たせなかったが、下山後の焚き火と芋煮会は大成功。グツグツと煮立つ大鍋《なべ》を囲んで、秋の日だまりの心地よさに酔いしれた。

下山後の楽しみ、芋煮会の準備をする

早乙女湖から城山を望む

山頂からの眺望

おすすめの湯

つるぎふれあい館 アルプスの湯

名峰剱岳《めいほうつるぎだけ》を間近に仰ぐ上市《かみいち》町の中心部に建つ、上市町保健福祉総合センター「つるぎふれあい館」。「アルプスの湯」はその中にある日帰り入浴施設で、平成10年にオープンして以来、すでに300万人以上が利用するほどの人気となっている。

ゆったりとした浴室には大浴槽や寝湯、香湯など7種類の風呂やサウナがあり、さらに平成24年1月より温泉を利用した高濃度人工炭酸浴泉がオープン。泉質はナトリウム—塩化物温泉。露天風呂には、源泉特有の黄褐色《おうかっしょく》のにごり湯がそのまま使われており、筋肉痛や関節痛などの効能も大いに期待できる。大浴槽、寝湯などのお湯は、ろ過されているため無色透明。

2階にある120畳の無料休憩大広間からは北アルプスの主峰剱岳が一望でき、子ども用のプレールームもあるので、家族でゆっくりくつろげる。湯上がりには、麺《めん》類や定食が楽しめる軽食コーナーへ。

中新川郡上市町湯上野8
✆076-473-9333
営業時間●10時～21時（20時30分までに入館）
定休日●月曜（祝日の場合は翌日）
料金●中学生以上600円、3歳以上300円／回数券11枚綴、23枚綴、36枚綴あり／個室休憩1室1800円（3時間）

19 小佐波御前山《おざなみごぜんやま》

標高 754.2m

参考コースの所要時間 約1時間30分

鮮やかに切れ落ちた岩壁帯 新芽食べるカモシカと遭遇

美しい新緑に包まれて歩く

旧細入《ほそいり》村の近くに小佐波御前《おざなみごぜん》という山がある。一帯は人気の高いハイキングコースになっていて訪れるハイカーの7割が女性だと言う。

北陸自動車道富山インターから飛騨街道を南へ、神通川に架かる新笹津《しんささづ》橋の手前で左折し、猿《さる》倉《くら》スキー場を右手に見ながら山腹を巻くように林道へと車を乗り入れる。フジの花のトンネルをくぐると、左手の崖下《がけした》にヤマボウシの白い花。右手山腹は一面タニウツギの薄いピンクで覆われている。

狭い林道を進むと右手に広場が現れ、その先で道がなくなった。どうやら登山口に着いたようだ。

タケノコやウルイの新芽

粘土混じりの道を登ると、すぐに最初の分岐にさしかかる。右手方向に水平道が延びていて、獅子《しし》ケ鼻《がはな》と案内が出ている。なにはともあれ獅子ケ鼻見物をと足を踏み出す。最初の出迎えはピンクの

小佐波御前山

参考コース スタート 林道終点（車止め）▶10分▶獅子ケ鼻▶30分▶ベンチ▶20分▶小佐波御前山山頂▶15分▶ベンチ▶15分▶林道終点（車止め）

ヤマブキ

ガマズミ

アオダモ

タニウツギ、続いて足元にネマガリダケのタケノコ。「これ、おいしいんですよ」とさっそくタケノコ採りだ。さらに10メートルも歩かないうちに、こんどはうまそうなウルイ(オオバギボウシ)がみずみずしい新芽を出して群生しているのに出くわす。

左へ小さくカーブすると再び分岐にさしかかる。直進すると本道と合流するので、ここは右へ。すぐに岩棚の上に出て行き止まり。なーんだと岩棚に立って覗《のぞ》き込むと、スパッと切れ落ちた見事な岩壁帯が続いている。ホーッとため

■おすすめの季節

季節を問わず楽しめる。新緑の頃は特におすすめ。

■アクセス

北陸道富山インターから国道41号線で大沢野へ。神通川に架かる笹津橋を渡る手前を猿倉スキー場の案内に従って左折。展望レストランに向かう途中に左手に回り込む林道があり、さらに進むと登山口がある車止めに出る。

■アドバイス

林道に入ってしばらく進むと、道が二手に分かれるが、ここは尾根に向かって右へと進む。獅子ケ鼻の岩棚は高度があるのでくれぐれも注意。

■お問い合わせ

富山市役所大沢野総合行政センター
☎076-468-1111
●国土地理院地形図
2万5千分の1地形図「八尾」「千垣」

獅子ケ鼻付近で出合った若いカモシカ

野鳥の案内版に触発されて鳥を探す

息をついて右手眼下に目を向けると、獅子ケ鼻の岩峰が自信ありげに天に突き上げている。その岩峰からさらに大きく切れ落ちた一帯を新緑の木々が覆い、その下方に青い水を満々とたたえた神通《じんづう》川《がわ》がゆっくりと流れている。

カモシカに遭遇

獅子ケ鼻をもっと近くで見ようと岩伝いに下りて、ふと山腹に目をやったら、丸まると太った若いカモシカがせっせと新芽を食べているのを発見。気づいたカモシカが安全な間合いを測るかのように我々《われわれ》の動きを観察し始める。

しばらくカモシカとの出合いを楽しんだところで本道へ引き返す。

タニウツギに見とれる寺崎春香さん

矢印に従って獅子ケ鼻へと向かう

天に突き上げている獅子ケ鼻の岩峰

ひんやりした樹林の中を、白い小花をつけたガマズミを横目で確かめながら、「今年は野鳥を覚えようと思ってるんです」と切り出すと、「どーしたんですか、また」と冷ややかな視線が返ってくる。

ところが数メートルも歩かないうちに右手に「ホオジロ」と書かれた野鳥の案内板が現れた。「ホオジロか」と知ったかぶりしてみせると、続いてウグイス、これはもうよく知っている。キジバト、なーんだ、野鳥って言ったって、ニワトリ以外なんでも野鳥なんだな、とワイワイやっていると、最初の丸太階段が現れ、上から単独の女性が下りてきた。富山から来たというこの女性は、JR高山本線の楡原《にれはら》駅から小佐波御前山に登って御前山、猿倉山を経由して笹津駅まで歩くのだと言う。この一帯の山歩きフルコースだ。

急な階段を上って山頂へ

すぐ先に広場があって、ベンチが置かれている。ここでちょっと一服して水分補給。ナナカマドの花をさらに粉末にしたようなアオダモだろうか、その白い花に続いて、黄色いヤマブキの花が現れると、この日最初で最後の急な丸太の階段登りが始まる。

この長い急階段を登り切って少し進むと、山頂が右手に現れる。測量用の三角点が埋め込まれている平坦《へいたん》な草むらだが、ハイカーにとっての山頂は、その先の見晴らしのいい広場だ。祀《まつ》られている祠《ほこら》に形ばかり手を合わせると、さっそく昼にする。

のんびりくつろいだところで、猿倉山へと向かう。展望レストラン前まで車で入り、ふるさと歩道を山頂へ。うっそうとしたブナ林を抜け、ニセアカシアが白い花を重そうにつけている坂道を登り切ると、目の前に白い建物が立ちはだかる。「風の城」と名付けられたこの建物は、あの〝ふるさと創生〟資金で作られた風力発電施設なのだ。

城の上から見渡す富山平野は、水がはられた田がキラキラと光りながらどこまでも広がっている。まもなく夏だ。

水田がどこまでも広がる富山平野

おすすめの湯

大沢野ウェルネスリゾート ウィンディ

「ウィンディ」は春日温泉郷の一角にある健康増進施設。塩分と鉄分が多く含まれている源泉から引く湯は胃腸病、神経痛、婦人病などのほか、美容にも効く万能湯。「バーデゾーン」では全身浴や気泡浴、寝《ね》湯《ゆ》、フィンランド式高温サウナなど12種類の機能浴槽が好評。「プールゾーン」ではウオータースライダーが子どもたちの人気の的だ。

家族で出かけて、健《すこ》やかな休日を過ごしてみてはどうだろう。

富山市春日96-1　✆076-468-3333
営業時間●10時～21時
定休日●第2、第4火曜
料金●大人600円、中学生550円、小学生400円、未就学児250円（タオル付き）／個室休憩1室1050円（3時間）、無料休憩室有り

白い塔のようなものの正体を確かめるべく猿倉山頂を目指す

「風の城」と名付けられた風力発電施設

20 南保富士《なんぼふじ》

標高 727.1m

参考コースの所要時間
約3時間30分

カラマツ林にうっとり
日本海から剱岳まで一望

水平道
からの眺めは
素晴らしい

ちょっと遠出してみようと富山県の朝日町《あさひ》にある南保富士《なんぼふじ》に出掛けた。

朝日インターから、国道、県道で笹川集落に入る。急な谷あいを目で追って行くと、その先に南保富士が突き上げているのが見える。登山口はキャンプ場がある三《みつ》峯《ぼ》グリーンランドの先の林道を左に入ったところにある。しかし、登山口への分岐点である銚子《ちょうし》ノ口へと向かったら、工事中で入れない。

「しょうがない、七重滝《しっちゃだき》経由で登りましょう」とコース変更し、七重滝橋まで戻って、橋の脇から延びる道を歩きだすと、すぐに滝に向かう丸太の階段が右手に現れる。まず出迎えてくれたのはアブの大群。続いて足元から可憐《かれん》な白い花が出迎えてくれる。どうやらタニギキョウのようだ。七重滝はここからすぐにある。ドーッと音がし始めたら見物用のベンチが現れた。思った以上の水量で白い束になって落ちているのだがこの日

参考コース スタート 七重滝橋 ▶25分▶ 七重滝見物ベンチ ▶15分▶ 水平道 ▶25分▶ 登山口 ▶1時間▶ 南保富士山頂 ▶40分▶ 登山口 ▶30分▶ 七重滝見物ベンチ ▶15分▶ 七重滝橋

■おすすめの季節

新緑の春と紅葉の秋がおすすめ。沢筋なのでアブが多く、夏場は避けた方が良い。

■アクセス

北陸道朝日インターから国道8号線を新潟方面に直進し、横尾西交差点を右折して、県道103号線で三峯グリーンランド方面へ。七重滝橋はその途中にある。もうことつの登山口は、三峯グリーンランドキャンプ場駐車場を過ぎてすぐ。そこから林道を辿ると、直接登山口まで行ける。

■アドバイス

2つのコースがあるが、七重滝橋からのコースがおすすめ。車は川を渡った所で、道路をふさがないように止めさせてもらう。

■お問い合わせ

朝日町役場産業課　☎0765-83-1100（代表）
●国土地理院地形図　2万5千分の1地形図「泊」

七重滝に向かって出発

道には岩が転がっている

枝沢の水は驚くほど冷たい

はとにかく蒸し暑い。思わず「暑いですねー」と一同、噴き出す汗をタオルでぬぐう。

山野草が群生

滝から10分余り続く急登《きゅうとう》にあえいでいると、再びベンチが現れ、海風が吹き上げてくる水平道に出る。しばらく涼んだところで、「もう登りはないですよ」と歩きだす。

草地になった水平道にはタニギキョウが群生し、少しジメジメしてきたら、こんどはミズナが一面を覆い、そのすぐ先に枝沢がザワザワと水を落としているところにさしかかる。雨が多かったせいで道はちょっと崩れているが、枝につかまって沢を乗っ越したところで水を手にすくう。「おーっ、冷たーい」と絶叫しながら生き返る。もちろんこの先も水平道が続き、歩き始めて50分ほどで、登山口のある林道に出る。「さて、ここからがホンバン」と水分補給の小休止とする。本当ならここまで車で入っていたと思い、うらめしそうに駐車用の空き地を眺める。

タニギキョウ

抜群の見晴らしのはずが…

スタートは杉林が広がる穏やかな上りだ。しばらく歩いて小さく乗っ越すと、今度はカラマツ林に変わる。カラマツの林というのは杉みたいに重《おも》たく重《かさ》なっておらず、すき間だらけなのがいい。つづら折りの登りにさしかかると、すぐに岩盤交じりの急登になる。ヒーヒーと汗を流しながらあえいでいると、

カラマツ林にしばし見とれる

上から60代半ばの男性が下りて来た。「今日はダメですねえ」と言い残して、さっさと下って行く。眺望抜群のはずの山頂の見晴らしのことようだ。晴れていれば日本海から黒部扇状地、烏帽子《えぼし》、黒菱《くろびし》、さらには朝日から剱岳《つるぎだけ》まで一望できるというのだが、こればっかりはどうにもならない。

潅木《かんぼく》帯にさしかかり、やっと一呼吸できるなだらかな道に出る。フーッと深呼吸して、もう一回水分補給。いつになくまじめに〝登山〟しているせいか、暑さのせいか、なかなかキツイ。

ここから道は、またまた急な上りになる。もちろん全員汗ダラダラ、なんとか山頂手前のなだらかな背に辿《たど》り着く。潅木帯を抜けて草地にさしかかると、間もなくだ。

水量の多い七重滝

ようやく山頂へ

山頂は畳20枚ほどの広さで、赤

山頂にあるお地蔵さん

い前掛けをつけられた小さなお地蔵さんがひとつ祀《まつ》られている。もちろん遮るものは何もないが、あいにくの薄曇り。日本海から朝日町一帯がうっすらと見えるだけだ。冷たい麦茶とニギリメシで一息入れながら、「今までで一番歩いたんじゃあないですか。なんだか達成感がありますねえ」「そういえば、以前、大門山に登って以来、上りで1時間以上歩いたことなかったですね」。

下りは早い。あっと言う間に登山口に下り立ち、もと来た水平道を辿って車止めまで戻ったら、今度は、迷わず温泉のハシゴだ。

まずは、小川温泉元湯に直行だ。４００年の歴史を誇る不老館は、湯治客が利用する胃腸病、婦人病に効く一軒宿で、「子宝の湯でも有名」なお湯。次は、8号線でヒスイ海岸に向かい、たら汁街道にある境鉱泉へ。90年の歴史がある茶色の湯につかり、山歩きの疲れを癒やした。

山頂からは朝日町がうっすら見えた

おすすめの湯

銭湯 境鉱泉

国道8号線まで戻ったところで北へ。城山トンネルを抜けて、境鉱泉に向かいました。JR線の越中宮崎駅を過ぎ、ヒスイ海岸に沿って「たら汁街道」を少し進んだ右手、境パークゴルフ場のとなりに見えてきます。90年以上の歴史があるこの鉱泉は、近くの田んぼから自噴していた鉱泉を利用して作られた湯治場でした。10人ほどがいっしょに入れる浴槽は、首まで浸かれる深いところと、寝湯が楽しめるところが半分ずつになっていて、湯は鉱泉特有の茶色い薄濁りです。これを加熱した湯は、さっぱり感抜群で、とても温まります。

下新川郡朝日町境307
0765-82-0658
営業時間●8時～21時
定休日●第2、第4月曜
料金●450円

21 大乗悟山《だいじょうごやま》

標高 590m

参考コースの所要時間
約2時間50分

真夏の北アルプスを一望
杉木立の美、渓流釣りも満喫

木立の中に
伸びる
山道を行く

スタートは天湖森から

簡単に登ることができ、しかも北アルプスが一望できる山があると聞いて、富山インターから国道41号線を南へ、神通川の畔《ほとり》にある旧細入村《ほそいりむら》の楡原《にれはら》へと向かった。

まずは富山市が管理する割山《わりやま》森林公園・天湖森《てんこもり》を目指して車を走らせる。新笹津橋を渡り、神通川第二ダムを過ぎると、「天湖森」の案内標識がある交差点に差し掛かる。そこを右折すると、緩やかな上りになる。

天湖森は4万2千坪の広さがあり、オートキャンプ場やバーベキュー棟、貸しコテージをはじめ、アスレチックや釣りも楽しめる家族向け総合アウトドア施設である。

「天湖森」という名称のユニー

野生の赤い実は甘みたっぷり

森林公園ではカモシカを発見

参考コース

スタート 森林公園・天湖森 ▶1時間▶ 自然歩道分岐 ▶5分▶ あずまや ▶5分▶ 自然歩道分岐 ▶5分▶ 登山口 ▶30分▶ 大乗悟山 ▶20分▶ 登山口 ▶45分▶ 森林公園・天湖森

クさに話の花を咲かせているうちに、車は森林公園に到着する。管理棟に立ち寄り、「北アルプスが見える山に登りたいのですが」と尋ねると、責任者の方が「ああ、大乗悟山《だいじょうごやま》ですね。私たちも毎年冬にカンジキをつけて登るんですよ」と外に出て山を指差し、行き方を教えてくれた。

「熊に注意」の看板も

管理棟で教わったとおりに、森林公園にある一番上の駐車場に車を移動して出発だ。天気は快晴、気温は30度を軽く超えている。「水分を多めにとりましょう」と仲間たちに声をかけて、杉木立の中に続く林道（中部北陸自然歩道）に踏み入る。

すぐに八幡神社の前に出る。大イチョウの脇から鳥居をくぐり境内に入ると、ひんやりとした空

■おすすめの季節

冬は森林公園・天湖森まで除雪されるので、カンジキハイキングなど一年中楽しめる。

■アクセス

国道41号線で楡原に向かい、案内に従って森林公園・天湖森へ。

■アドバイス

公園のすぐ近くとはいえクマが多く生息する地域なので、クマよけの鈴は忘れずに。桐谷峠と大乗悟山間の尾根道は、近年は整備不十分。事前に問い合わせしてからコースを決めた方が良い。

■お問い合わせ

富山市役所細入総合行政センター
✆ 076-485-9002
割山森林公園・天湖森
✆ 076-485-2777
●国土地理院地形図
2万5千分の1地形図「八尾」

大乗悟山の全景

近くから見た大乗悟山

八幡神社で出発前のお参り

気に包まれる。暑さから解放された森さんが「わあーっ、涼しい。ここにずっといたいですね」と喜びの声をあげる。

神社にお参りをして、「熊が出回っています。ご注意下さい」と書かれた立て札の前から自然歩道をたどる。杉木立が切れたところに差し掛かると、草むらの向こうにかつて、このコーナーで紹介した小《お》佐《ざ》波《なみ》御《ご》前《ぜん》山《やま》が見えてくる。

右手の杉林あたりで、ガサッと大きな音がする。「クマですか」「いや、カモシカでしょ」などと会話しながらなだらかな坂道を進むと、白とピンク色の、細い刷毛《はけ》を広げたような花を無数につけたネムノキが現れる。左手の湿地にはミズバショウが大葉を広げて群生している。茎に山芋のつるが絡みついたオカトラノオも見える。

登山口下方にダム湖

右にゆっくりカーブしながら登ると、多彩な草花が目に留まる。黄色いオトギリソウに、早々と小花を咲かせているハギもある。白いラッパのような花をつけているのはオオバギボウシだ。

木陰に入ると、キイチゴの仲間の赤い実が目に飛び込んできた。「熟していて甘そう」と森さんが口に運ぶ。「どれどれ」と一粒ずつ食べたところで「あまーい」と皆口をそろえ、笑顔になる。道の傾斜がちょっときつくなったところで小休止とする。ここにも、「熊出没注意」の立て札が立っている。

この辺りから植生が少し変わり、クマシデの大木が目につくよう

山頂から北アルプスの山々を眺める

になる。大岩が二つ並んだ場所を過ぎて右へぐるりと回りこむと、視界が大きく開けたT字の分岐に出る。左前方にあずまやがある。ちょっと寄り道して休憩だ。

汗をぬぐって水分を補給したら先の分岐に引き返す。笹津山の方へと続く道を少したどると、大乗悟山の登山口に到着だ。右手下方に神通川の青いダム湖が横たわり、楡原と対岸の今生津《いもづ》を結んでいる赤い観光橋が見える。

急坂から山頂へ

ナデシコ(カワラナデシコ)が咲く急坂をひと上りし、左に折れると広くてなだらかな道が杉木立の中に延びている。下草の丈は5センチほどだ。その上をしばらく歩いて右へ折れ、再び左方向へ、今度は徐々に高度を上げて尾根に近づいて行く。

尾根道に出たのは、スタートして約20分後である。右手山腹一帯は杉林、左手にはマルバマンサクやユキツバキが茂っている。道はほとんど水平で、大きな松の木の根元辺りからは緩やかな下りになる。

最後の上りは急坂だ。真っ青な空に杉の木が天を突くように伸びている。樹林のトンネルをくぐってひと上りすると、頭上にポッカリと穴が開き、青空が見えてくる。

遮るものが何もない広い山頂は、もちろん木陰もない。容赦なく照りつける灼熱《しゃくねつ》の太陽の下で、うっすらと見える僧ケ岳《そうがだけ》や剱岳《つるぎだけ》、そして薬師岳《やくしだけ》へと続く北アルプスの山々を眺めて、大急ぎで木陰があるところまで下る。

ニジマス釣りで涼感じ

「下りたらカキ氷食べましょう」「ニジマス釣りして涼みたい」と口々に言う仲間たち。登頂した後は、どうやら天湖森で羽を伸ばすことだけを楽しみにしているようだ。

森林公園に下り立ったらさっそく「イチゴに抹茶二つ、それからメロン」と注文し、氷の冷たさに満足する。続いてニジマス釣りに挑戦だ。管理棟で竿《さお》を借り、釣りのスポットに向かう。土田池の畔にさしかかったところで、前方に毛並みがつやつやした若いカモシカを発見した。「こんなに間近で見るの初めて」と興奮気味の森さんの声を聞いても逃げようとしない。

湖畔を半周して池に沢が流れ込む所に着いたら、仕掛けのハリにミミズをつける。試しに流れの吐き出しにエサを放り込むと、7寸ほどのニジマスが水中から躍り出た。

森さんが最初に釣り上げたのは4寸ほどのチビニジマス、続いて6寸の中型だ。最後は「おおっ、大きいぞ」という仲間たちの声を背に懸命に釣り上げようとしたが、「あーっ、落としちゃった」となった。

アルプスの山々を眺めて、渓流釣りを楽しんだ仲間立ち。「逃がした魚は大きかった」かもしれないが、真夏の里山を心行くまで満喫した。

ニジマス釣りで一服

登山口付近に咲くナデシコ

ラッパに似たオオバギボウシの花

鮮やかな黄のオトギリソウ

白とピンクのネムノキの花

山芋のつるが絡まったオカトラノオ

おすすめの湯

神通峡岩稲温泉 楽今日館

汗をしっかりかいた後は温泉がぴったりです。天湖森から国道に出るとすぐ、神通峡岩《いわ》稲《いね》温泉「楽今日館《らっきょうかん》」という変わった呼称の建物が目に飛び込んできます。旧細入村が運営していたこの温泉は、広いロビーや和室に足を踏み入れただけでも癒《い》やされますが、ナトリウム塩化物とPH8.6（アルカリ性）の泉質をもつ湯は、神経痛、筋肉痛、うちみ、切り傷、冷え性、疲労回復と効能は幅広く、「お肌がつるつるになる美人の湯」としても女性には見逃せない名湯です。

もちろん真っ先に向かったのは露天風呂。岩風呂にどっぷりつかって、神通峡と周囲の山々を眺めていると、時間がゆっくり流れるのが肌で感じられます。

富山市岩稲26-1　☎076-485-2800
営業時間●10時～22時
　10時～21時（12月～2月末まで）
定休日●第2、第4月曜（祝日の場合は翌日）、1月1日
料金●大人（中学生以上）600円、小人（小学生）300円、幼児（1歳以上）200円

22 尖《とんがり》山《やま》

標高 559.2m

参考コースの所要時間
約1時間45分

ミステリーに彩られた低山
新緑と起伏に富んだ夏椿コース

円すい形の山容は遠くからもよく目立つ

ピラミッドか UFO基地か

どこから見ても三角形の神秘的な形で知られる尖山《とんがりやま》。その姿は、県道富山・立山公園線を走る道々、いつも目に飛び込んでくる。

特異な山容から、「人工的に作られたピラミッドではないか」、「近くでＵＦＯを見た」など、ミステリースポットとして何かと話題を集める。あるいは古代の祭祀《さいし》場だったという説もある山だが、低山なので遠方からわざわざ登りに出掛ける人はまずいないと聞き、「それなら『わざわざ』行ってみよう」と、北陸道を立山インターへと車を飛ばした。

「きょうはキツイ山ですか」と、森はづきさんは心配そうだ。「キツイ、といえばキツイですよ。何せピラミッド型ですから」と、山の様子を解説しながらインターを降り、立山公園線を登山口がある横江の集落へと向かう。

参考コース

スタート 夏椿コース登山口 ▶10分▶ 見晴らし場所 ▶25分▶ 夏椿峠 ▶25分▶ 一般道合流 ▶5分▶ 尖山 ▶40分▶ 一般道登山口(駐車場)

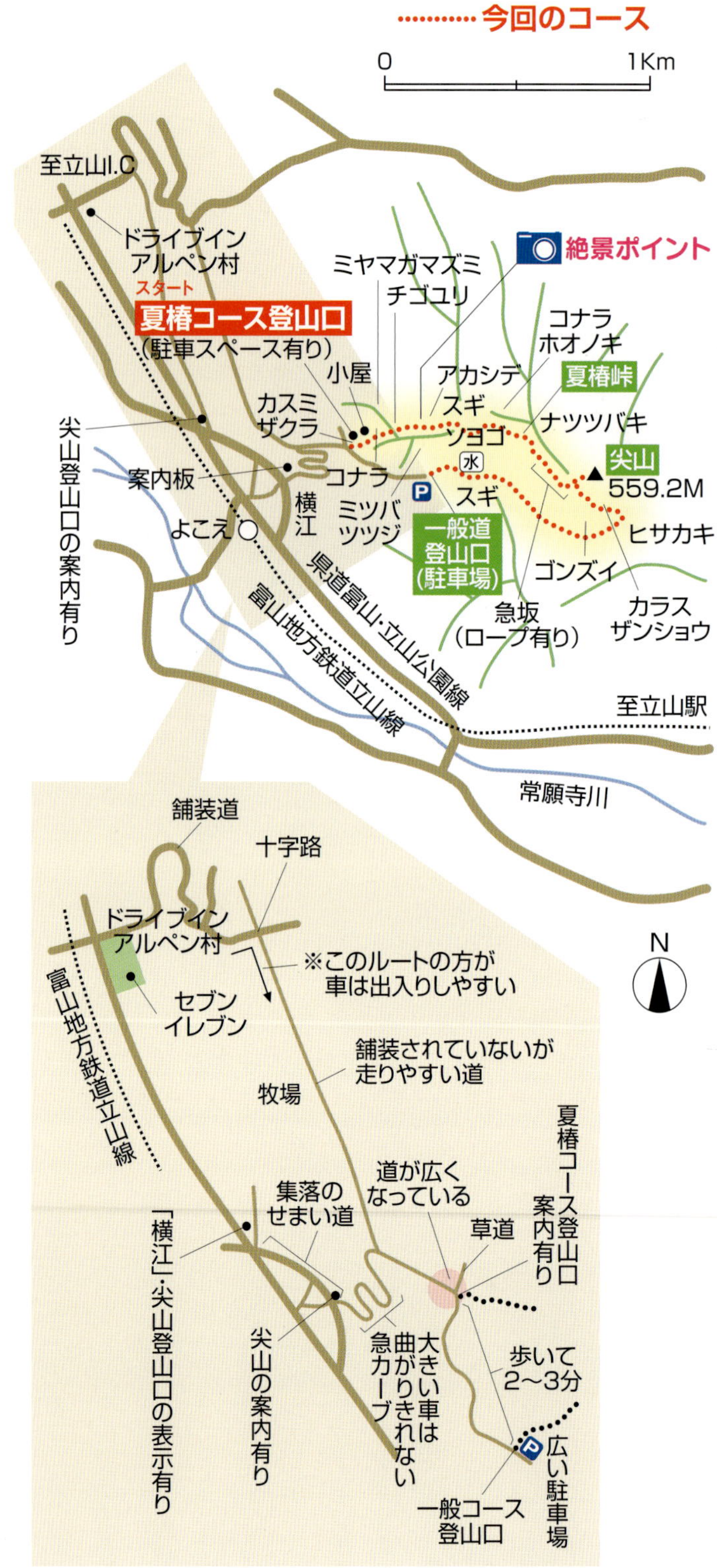

■おすすめの季節

里の低山なので、雪がなければいつでも楽しめる。

■アクセス

県道富山・立山公園線でドライブイン「アルペン村」を目指し、すぐ近くの横江の集落から案内に従って林道終点にある駐車場へ。

■アドバイス

山頂からの見晴らしがとても良いので、山々が見渡せる好天に出かけるのがベスト。

■お問い合わせ

立山町役場商工観光課
✆ 076-462-9971
●国土地理院地形図
2万5千分の1地形図「千垣」

朱色が際立つヤマツツジ

ほんのりピンクのタニウツギ

涼を感じさせるオオカメノキの白い花

やや急な上りでスタート

立山アルペン村というドライブインを過ぎた先で横江の集落にさしかかると、すぐに「尖山」の案内標識が現れる。案内に沿って左折し、集落の中の狭い道を少し進み、再び現れる案内に従って左折し、つづら折りの林道を行くと、道が二手に分かれた。そこを右手に進むと、山腹にぶつかったところが広くなっている。

そこが、夏椿峠《なつつばきとうげ》を経由して山頂に向かう「夏椿コース」の登山口だ。道幅が広くなっているので車を置いても心配はないが、少し先にある通常コースの登山口駐車場に車を止めて、引き返すことにする。

夏椿コースは、緑の葉を広げたカスミザクラの木の脇からのやや急な上りで始まる。ミヤマガマズミの木が現れると、左手に使われていないような小屋が見えてくる。朱色の花をつけた華やかなヤマツツジを見ながらさらに上ると、なだらかな道になる。山はまさに新緑の季節だ。

木々の緑が目に鮮やかな夏椿峠

常願寺川の向こうに富山市街が広がる

多彩な木々を楽しむ

シデの仲間らしい木に「アカシデ」の名札が掛けられている。森さんが「へえーっ、アカシデっていう木もあるんですね」と目を輝かせる。新たな発見に心躍らせながら進むと、杉の植林地にさしかかる。その先の突き当たりが開けていて、これから辿《たど》る尾根が山頂へと続いているのが間近に見える。

突き当たりを左に折れると、広くて歩きやすい道が続く。アカマツ、リョウブ、コナラなどが混在する林を過ぎ、道の両側をヒサカキが囲うようになった場所からいったん、杉の植林地の広い鞍部《あんぶ》へと下る。

平坦な道を左へ。そこからは再び緩やかな上りだ。見事な枝ぶりのハウチワカエデの下を通り過ぎる辺りから、チゴユリが、小さな白い花をつけて迎えてくれる。やがて前方に、まだら模様の樹皮が特徴的なナツツバキが1本、2本とあり、広場になった夏椿峠にさしかかった。ここまで40分ほどだ。息を切らす仲間は一人もいないが、小休止とする。

沢で見つけた小さな滝

ロープ伝いに急斜面に挑む

ロープを伝う急傾斜も

峠から右に尾根をちょっと上ると、またしばらくはなだらかな道になる。ホオノキが空に向かって、葉を誇らしげに広げている。道の両脇にユキツバキが群生し始めると、苔《こけ》むした石が足元に現れ、じわじわと傾斜が厳しくなる。

工事用のトラロープを合図に、傾斜はさらに険しくなる。ロープは上へ上へとつながっている。山岸カメラマンがつぶやいた。「いやあ、厳しいですね、この上り」。元短距離選手の森さんは「大丈夫です」と息ひとつ切らしていない。時間にしたらほんのわずかだが、「そろそろ限界」と感じたところでようやく急傾斜から解放され、手すりの柵が付いた一般道にヒョイと出た。

一般道は、擬木で作られた丸太の階段になっている。ピンクのタニウツギが咲き乱れる道を上ると、間もなく山頂に到着した。

山頂から日本海を望む

山頂はとても広く、視界を遮るものはない。もっとも、この日はあいにくの曇り空。東に目をやると、晴れていれば見えるはずの大日、奥大日、さらに剱岳一帯の山々は雲に隠れていたが、昨年歩いた大辻山《おおつじやま》と数年前にこのコーナーで紹介した来拝山《らいはいやま》を見ることができた。

一方、北側には日本海が広がり、西には広い河川敷の中央を流れる常願寺川を隔てて、富山市内が一望できた。

山頂でゆっくり羽を伸ばしたら、帰路は通常コースを下ることにする。山頂付近を過ぎると、丸太の階段はなくなり、小石がゴロゴロした広い道に変わる。カラスザンショウ、ゴンズイなどの名札が掛かった樹木が次々と現れる。やがてせせらぎの音が聞こえると、下方に沢が見えてきた。

丸太の橋を渡る

締めくくりは緩やかな沢歩き

最後の曲がり角にマルバマンサクの枝が張り出していて、そこに「明日もいっぱい笑おうね」と書かれたビニール製の布が掛けられていた。その布に顔を寄せて森さんが笑顔をつくる。笑いが体の疲れを癒やしてくれるようだ。

沢沿いの広い道は、とても緩やかだ。オオカメノキが白い花をつけて咲いている。山腹にはあちこちに白いヤマボウシが見える。丸太の橋を渡ってしばらく下ると、小さな滝が現れる。その先に水場があった。コップが備えられていて、ビニールパイプからうまそうな清水が落ちている。森さんが「思ったほど冷たくないですよ」と手を洗った。

小さい山だが、仲間たちはみな「いい山歩きでしたね」と目を細めてくれた。遠方からわざわざ出掛けた甲斐《かい》があったというものだ。

山頂で記念撮影

流れ落ちる清水に手を差し伸べる

笑顔が疲れを癒やしてくれる

おすすめの湯

湯めごこち

「湯めごこち」は、立山インターそばにある新鮮市場の辻(南)交差点から常願寺公園に向かう右手にあります。「手ぶらでフラッと天然温泉」がキャッチフレーズで、地下1588メートルから毎分541リットルの湯が湧き出ています。巨岩をふんだんに使った広い露天風呂やサウナ、冷え性改善や美肌効果につながる岩盤浴や岩盤ヨガが楽しめます。

尖山でUFOの夢を見て、そのまま夢見心地で「湯めごこち」の湯に浸かり、肌がきれいになるなんて、ちょっと欲張り過ぎでしょうか。

中新川郡舟橋村古海老江256-1
☎076-464-2600
営業時間●平日10時～24時
土・日・祝 9時～24時
定休日●第3木曜
料金●大人800円、小人400円、乳幼児(3歳未満)無料

23 茗荷谷山《みょうがだにやま》（城ケ平山）

標高 446.3m

参考コースの所要時間
約2時間30分

戦国時代の山城しのぶ
雪渓残る剱岳を一望

名前の通り、ミョウガの群生地が広がる

名だくさんの山

今回の山には、とにかくたくさんの名前がある。麓《ふもと》の住人は「城山《じょうやま》」あるいは「茗荷山《みょうがやま》」などと呼んでいる。街の人に聞くと、返ってきた答えは「茗荷谷《みょうがだに》山《やま》」。途中にある案内標識には「茗荷平山《みょうがだいらやま》」、国土地理院の地形図には「城ケ平山《じょうがだいらやま》」と記されている。

登山口は、上市町大岩にある真言密宗大本山・日石寺《にっせきじ》前のバスターミナルだ。ここに、コース整備の中心になった上市ライオンズクラブが建てた看板がある。そこには「茗荷谷山城の由来」と題し、戦国時代に築かれた山城があったところで、「高き山に在りて、東西共切岸され登り難し」と説明されていた。

ところが、そのすぐ先にある解説板には、郷土史研究家の説と断って、「城ケ平山（茗荷平山）に築かれていた茗荷谷山城…」と

茗荷谷山

参考コース
スタート 駐車場 ▶3分▶ バスターミナル(金龍橋) ▶10分▶ 最初のベンチ ▶5分▶ 上平集落跡 ▶20分▶ ミョウガ林の上のベンチ ▶30分▶ 茗荷谷山 ▶35分▶ 中浅生への分岐 ▶15分▶ 中浅生(正男新道登山口) ▶30分▶ バスターミナル ▶3分▶ 駐車場

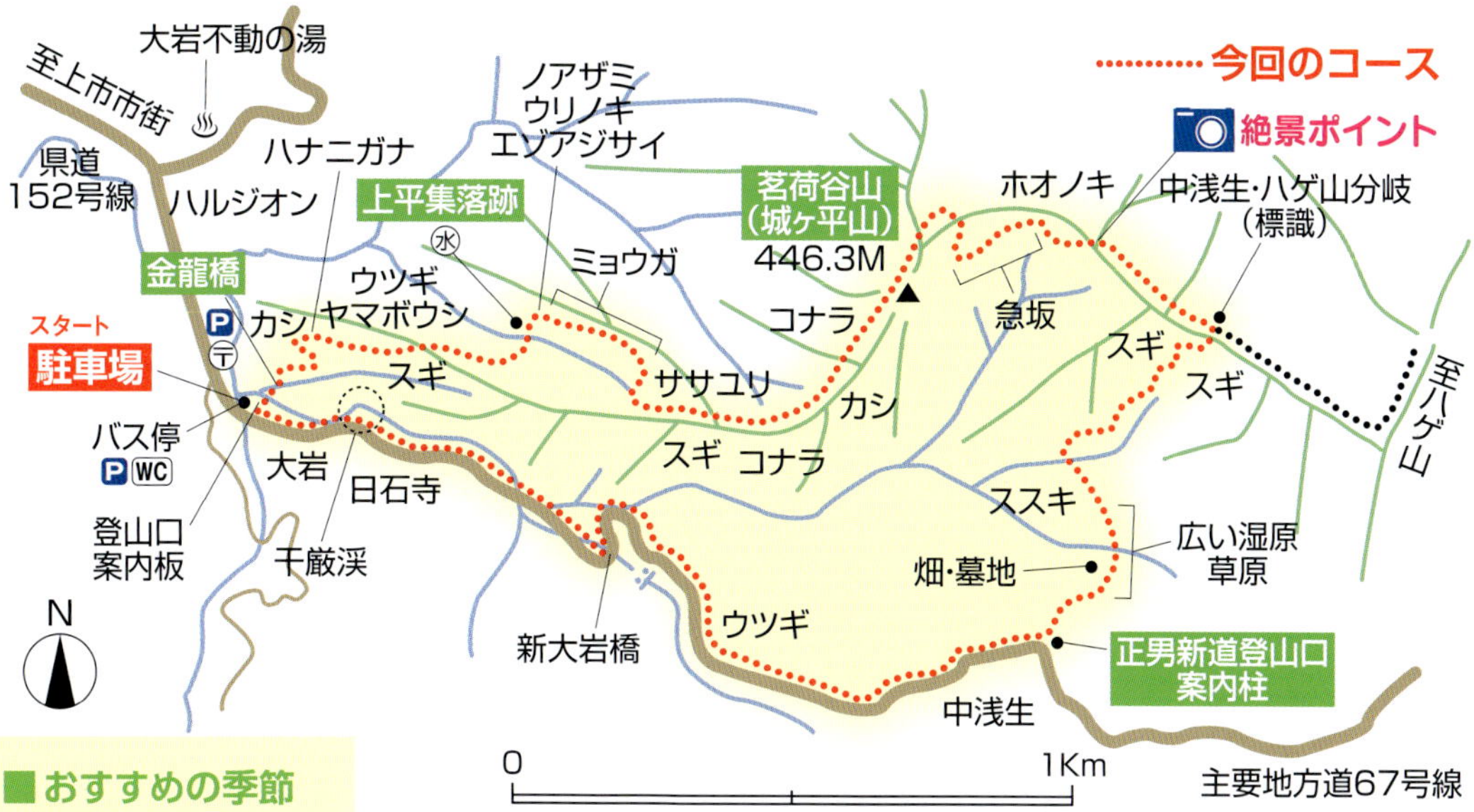

■おすすめの季節
4月末から11月がおすすめだが、登山口までの除雪が行き届いているので、雪上ハイキングもあわせて一年中楽しめる。剱岳一帯が間近なので、よほどの悪天候以外、いつでもダイナミックな山容に接することができる。

■アクセス
北陸道立山インターから主要地方道3号線を北上し、案内標識に従って登山口がある大岩日石寺へと向かう。

■アドバイス
郵便局の手前左手に駐車場有り。トイレは登山口のバスターミナルにある。水場は、上平集落跡にある。

■お問い合わせ
上市町役場産業課
☎076-472-1111
●国土地理院地形図
2万5千分の1地形図
「大岩」

茗荷谷山の遠景

山頂から望む剣岳

ある。山名については地元呼びを優先しているが、これには弱り果てた。悩んだ末「茗荷谷山」が一番無理がなさそうなので、「みょうがだにやま」と呼ばせてもらうことにした。

花々のラッシュに遭遇

案内に従って、金龍橋《きんりゅうばし》から白いウツギがスダレ状に咲く道に足を踏み入れる。最初のカーブを右に曲がると、畑の脇の草むらにピンクのハルジオンが咲いている。山腹伝いにはエゾアジサイ、道端には黄色いハナニガナと、花たちのラッシュにぶつかり、なかなか先に進めない。

少し急ごうと花から目をそらし、樫《かし》の老木に包まれたうっそうとした道を大きくジグザグと進むと、明るい尾根に出た。ヤマボウシが庇《ひさし》をつくるその下にベンチが二つ、足元にはウツボグサが紫の花をつけ始めている。そこで道は尾根から外れ、山腹伝いに水平に続く。

ミョウガの群落に囲まれ

やがて前方に、上平《うえんだら》の集落跡が見えてきた。屋敷と納屋が1軒ずつ残っていて、竹筒で沢水が引かれている。「中部北陸自然歩道」の標柱の隣に、「城ケ平山（茗荷平山）まで0・8キロ」の案内がある。案内板のたびに、主役の呼び方が変わるのだ。

ハルジオン

ウツボグサ

エゾアジサイ

ハナニガナ

ウツギ

道の両側に咲くノアザミ

不思議な形が印象的なウリノキ

2輪のササユリがお出迎え

住人がいないとはいえ、今もわずかだが畑が作られている。そんな集落跡の竹林の手前から右手へと上がる。大きな葉をつけた茎に、白くて細長いウリノキの花が垂れ下がっている。少し進むと、狭い道の両側一面にノアザミが咲いている。「あっ、イターイ」と、トゲを指でつまむように払いながら竹田麻衣さんが通過する。

三差路になったところで石積みが残る屋敷跡が見えてくる。この辺りから目立ち始めるのがミョウガの群落だ。そこを右手へ、杉林にさしかかると、かつて段々畑だったのだろうか、林の中はミョウガで埋め尽くされていた。

「まさに茗荷谷ですね」と言う山岸カメラマンに、「このあたりが茗荷平でしょうか」と聞く竹田さん。どうやら、仲間たちも山の名称で混乱しているようだ。ミョウガに取り囲まれた丸太の階段を辿《たど》ると、再び元の尾根に出た。

ミョウガの群生地に続く丸太の階段を上る

謎めいた洞窟も

ベンチで休んで、また少し上る。杉林からコナラ林に変わった辺りでは、ササユリが2輪、こっちを向いて咲いている。階段を上り切り、ちょっと下るとまたベンチが現れた。

そのすぐ先に奥行き2メートルほどの、人が一人入れるくらいの洞窟がある。何かを祀《まつ》っていたところのようにも見えるし、日石寺

広く見晴らしの良い山頂

山頂手前の急所はロープを頼りに乗り越す

の童子（若い修行僧）が籠《こ》もって修行した場所のようにも見える。

コナラやホオノキの林の中を快適に進むと、今度は急階段の坂に変わる。ゴロゴロした大岩の脇を、ロープを頼りに乗り越すと、一息つける平らな場所に出る。そこからさらにひと上り。前方に、それ以上高い所が見当たらない、ポッカリと浮かんだ丸い丘が現れた。

山頂はとても広い。薄雲がかかる右手の山々の中で、まず目に飛び込んできたのは、谷筋に雪渓を残す剱岳《つるぎだけ》だ。すぐ近くの高峰山《たかみねやま》や来拝山《らいはいやま》も手に取るように見える。

左手眼下には、上市から富山市街、そして日本海が広がっている。恐る恐る山頂の標識に目をやる。「茗荷谷山（城ケ平山）」とあり、ホッと胸をなでおろした。

とにかくベンチで昼食だ。寿司におにぎりにサラダにカレーパン、そして、みたらし団子とフルーツゼリーが仲間たちの胃袋に詰め込まれる。

人が入れるほどの洞窟を発見

昔懐かしい生活の香り

下りはハゲ山方面に向かう途中の尾根から、中浅生《なかあそ》に下りて、日石寺に戻るコースを行く。東へ尾根を進むと、すぐに山腹の急な下りが始まる。谷をひとつ越え、隣の尾根を忠実に辿ると、ホオノキが何本も伸びている先で、左右からもうひとつの尾根が立ちはだかる。そこを上ったらハゲ山方面が一望できる場所に出る。

小休止して緩やかに下り、右手に杉林が現れると、中浅生への分岐だ。シダが生い茂る谷筋に沿って下って行くと、ススキやヨシが生い茂る、かつての耕作地らしい広い湿地帯に出た。

ぶらりぶらりと歩いて行くと、トタン屋根の作業小屋が現れる。わずかな面積だが、里芋が植えられ、小屋の裏手には、古い木橇《そり》が掛けられている。

西種《にしたね》と大岩を結ぶ道路に出たところに、「正男新道」の標柱が建てられていて、「城ケ平山登山口」とあった。「正男」は、茗荷谷山から浅生までの登山道を開拓した人の名だ。道路の向かいにある、正男さんの生まれた大きな旧家に立ち寄る。納屋の入り口には、使い込まれたカンジキが下げられ、昔懐かしい生活の香りがした。

千巌渓で涼を味わう

ここから先は車道歩きだ。のんびりと新大岩橋まで下ったら、左奥の谷に見事な滝が見えてくる。日石寺まで下って千巌渓《せんがんけい》に下りてみる。薄暗い谷の苔《こけ》むした大岩の間を水が流れ落ちている。

思わず「涼しいっ」と声をもらす仲間たち。

山名に振り回された今回の山歩きだが、案内標識ごとに山名が変わるというのも、標識を立てた人たちの思い入れが伝わってきて、悪くない気がした。

千巌渓で涼をとる

ゴール近くに見える滝

おすすめの湯

銭湯 大岩不動の湯

日石寺前登山口のすぐ近くに、銭湯・大岩不動の湯という温泉があります。地下1500メートルから湧《わ》き出る掛け流しの天然温泉です。神経痛、筋肉痛、うちみ、五十肩から冷え性や動脈硬化まで、効能の対象がとても多い温泉です。

地元産のスギやヒノキを使って3年前に建てられた黒塗り和風のこじんまりした銭湯で、洗剤は持ち込みです。内湯は木のぬくもりが伝わってくる檜《ひのき》風呂、露天風呂は地元大岩の巨岩をふんだんに使った石作り。男女の浴室は日替わりで、熱くもぬるくもない湯につかると、かすかに硫黄の匂いがし、汗を流したあと、肌が不思議なくらいさっぱりしました。

上市町大松3　076-473-3622
営業時間●12時～21時
定休日●火曜（祝日の場合は翌日）
料金●大人400円、子供120円、幼児60円

24 吉峰山《よしみねやま》（森林研究所樹木園）

標高 370m

参考コースの所要時間
約1時間25分

木々の隙間から春の日差し 白く輝く北方稜線の山々

アーバータワーからは剱岳のパノラマが広がる

家族で楽しむコース

「森林研究所樹木園」と聞いてもピンとこないけど、「グリーンパーク吉峰」と言われれば「ああ、あそこか」となる人も多いだろう。常願寺川沿いの野開《のびらき》にある丘陵地で、吉峰山《よしみねやま》と呼ぶ人もいる一帯だ。正式名称は「富山県農林水産総合技術センター森林研究所樹木園」と、やたら長くて固苦しいが、家族連れで一年中楽しめるハイキングコースと聞き、さっそく立山町に向かった。

「あまり歩かなくていいんですか、温泉もすぐそばですネ」と車の隣席で頬《ほお》を緩めっぱなしの山岸カメラマン。今回、山歩き初挑戦となる後部座席の北本裕子さんに「何かスポーツやってた?」と尋ねると、「はい、中学、高校とソフトテニス（軟式テニス）をやってました」と言う。「大会とか出たことあるの?」と何気なく聞けば、「金沢学院東高校の2年と3年

参考コース
スタート よしみね交流館▶10分▶用水道入り口駐車場▶5分▶遊歩道スタート地点▶20分▶用水道経由の尾根道合流点▶5分▶野鳥観察小屋▶10分▶展望台▶20分▶アーバータワー▶15分▶よしみね交流館

■**おすすめの季節**
雪がなければ一年中楽しめる。

■**アクセス**
北陸自動車道立山インターから立山方面に15分、途中に登山口があるグリーンパーク吉峰の案内標識が現れる。

■**アドバイス**
駐車場は喫茶カモミールの前、トイレは公園内等に数箇所ある。リラックスして散歩気分で出かけよう。

■**お問い合わせ**
立山町役場商工観光課
076-462-9971
立山グリーンパーク吉峰
076-483-2828
●国土地理院地形図
2万5千分の1地形図
「五百石」

かれんに咲く紅梅

カモシカがこちらをチラリ

ホオジロを発見

周囲の木々を楽しみながら進む

の時インターハイに出ました」との答えが返ってきた。もちろん一同「えーっ」と驚きの3部合唱。昨年高校を卒業したばかりということは、現役に限りなく近いアスリート。つまり、アクタスチーム最強の身体能力を秘めているということになる。身長も175センチとチームナンバー1だ。「よしっ」「よしっ」と、気後れしながら自分に気合を入れる仲間たち。

遊歩道は急な坂道からスタート

遊歩道から山中へ

吉峰交流館前の駐車場で身支度し、まずは周辺観察だ。喫茶カモミールの裏手に紅梅が咲いている。そこからモックよしみね前に回ったところで、北本さんがカモシカを発見した。施設のおおよその位置関係を把握したところで、パークゴルフ場脇から車道に沿って歩き出す。

せせらぎ広場の手前にある駐車場には、「熊出没、注意せよ」と目をつり上げたクマのイラスト入り看板が立てられている。ここから用水道を北に回りこもうと思ったが、道が荒れているので南の支尾根につけられた遊歩道から取り付くことにする。杉木立の中をせせらぎ広場に寄り道しながら進むと、吉峰の湯「源泉」の小屋が現れる。谷筋に残る雪を眺めながらさらに行くと、遊歩道の案内標識の前にさしかかる。

小沢に架かる丸太の橋を渡り、階段状になった急な支尾根に取り付く。坂道をひと上りすると、なだらかな広い道になる。コナラ、ソヨゴ、エゾユズリハなどの木々に包まれた道を緩やかな上りを繰り返す。左手谷筋の斜面には、

木立から陽光が降り注ぐ

展望台から見える「毛勝三山」（左）と「尖山」（右）

フジの太いツルに絡まれたホオノキが2本、3本。もうひと上りして、アカマツが顔を出したら、そのすぐ先で用水道の方から続いている尾根道に合流した。ここからは、木々の隙間から差し込む春の日差しを浴びながらの贅沢な尾根歩きとなる。ユキツバキが多く見られるようになり、種子から香料がとれるヤブニッケイもあちこちに顔を出している。枝を手折って北本さんの鼻先に近づけると、「いい香り。芳香剤みたい」と目を細める。

野鳥の観察小屋も

東側の枝越しに剱岳北方稜《りょう》線の白い頂が見え始めると野鳥観察小屋の前に出る。観察用ののぞき窓は三つ。真ん中の窓は背伸びしないと無理なので北本さんに譲って、一番低い窓から一帯を眺めるが、「野鳥」の姿は確認できない。ここからいったん大きく下ると、道はまた水平になる。左手山腹に杉木立が現れたところで、北本さんが野鳥を見つけた。杉の木のてっぺんあたりで何かをせわしなくついばんでいるのは、観察小屋脇の案内板で学習したホオジロのようだ。やがて右手から車道が接近してくる。そこから再び尾根を辿《たど》りナツツバキの出迎えを受けると、このコースで一番高い地点にさしかかった。

すぐに展望台が現れる。いそいそと展望台に上がると、見える見える。毛勝三山《けかちさんざん》からすぐ近くの尖山《とんがりやま》までがよく見える。ただ全体に木の枝が邪魔をして、仲間たちの感動は今ひとつ。眺望はその先にあるアーバータワー（樹木の塔）までおあずけとして、とにかくコーヒータイムだ。

パノラマの北方稜線を満喫

ここからアーバータワーまでは20分ほどだ。青い空、暖かい日差し、そして無風という好条件に恵まれ、真っ赤なユキツバキを横目に

展望台から景色を堪能

のぞき窓から野鳥観察気分

緩やかなアップダウンを楽しみながら進むと、明るく開けた尾根に出た。アオハダの古木が枝を広げている。その大きな株の上に、力をもてあまし気味の北本さんがよじ登る。尾根の分岐にさしかかると、森林研究所からの車道が見えてくる。そこを北へ、ヒノキの木立を抜けると、アーバータワーが行く手に立ちはだかる。5階建てになっていて高さが12・4メートル、戦国時代の砦《とりで》のようなヤグラだ。なにはともあれ一番上まで一気に駆け上がる。

360度遮るものなし。北から僧ケ岳《そうがだけ》、毛勝山、釜谷山《かまたんやま》、猫又山《ねこまたやま》と、剱岳へと続く北方稜線の山々が一望できる。さらに立山三山、大日岳《だいにちだけ》と連なり、南の薬師岳へと白い峰々が延びる。しかもそれらが四方からタワーめがけて迫ってくるのだ。

心行くまで山並みを眺めたら、尾根をのんびりと下る。あずまやを過ぎたところで真っ青な空の下に横たわる毛勝三山をもう一度目に焼き付け、杉木立の中を下る。「いい山歩きでしたね」と仲間たち。またひとつ、晴れの日限定のとっておきコースを発見した。

戦国時代の砦を思わせるアーバータワー

おすすめの湯

立山吉峰温泉

尖山・大辻山などの登山コースが連なるそばに位置する立山吉峰温泉。

春から秋にかけて新緑や紅葉を求めて、冬にはスキー帰りの多くの観光客が訪れます。アルカリ性単純温泉は神経痛や疲労回復などによいと言われ、薬湯、サウナも備えています。

温泉の自慢は常願寺川の自然石300トンを利用した露天風呂。館内には約130畳の大休憩所もあり、1日ゆったりくつろげます。レストラン、食堂、喫茶店と食事所も充実しており、地元の食材を使用した食事が楽しめます。日帰り宴会・宿泊にも利用できます。

4月から11月まではアウトドア施設も営業し、バーベキュー、コテージ、キャンプ場もにぎわいます。パークゴルフ、散策、スノーシューなど体を動かし汗をかいた後に、直行したい温泉です。

立山町吉峰野開12　☎076-483-2828
営業時間●10時～20時30分
定休日●無休
料金●大人600円、小人300円

25 三千坊山《さんぜんぼうやま》

標高 264.2m

参考コースの所要時間 約2時間30分

視界いっぱいに立山連峰 春の里山で「雪山入門」

ワカン（カンジキ）をつけると雪の中でも歩きやすい

高岡市の広谷川を左手に見ながらしばらく進む。川が右手に変わり、西広谷の集落にさしかかると、右上に社の木立が見え、その脇に急な上り道がついている。山川の集落は、この坂道を上ったところにある。戸数は23戸。そのうちの7軒が要藤《ようどう》さんという姓を名乗っている。雪のため車を止めて置くスペースがない。あれこれと迷った末、山川会館前の道幅が広くなったところに置かせてもらい、すぐ前の要藤一夫さん宅に声をかける。

山川のコースを選択

三千坊山へは、川下の江道《えんどう》の集落から尾根を辿《たど》る、また北側の氷見・脇之谷内から林道と尾根を辿る、境の集落から車道を使って、不燃物処理場経由で一気に上

三千坊山

参考コース　スタート 山川会館前 ▶5分▶ 登山口 ▶15分▶ 明るい尾根 ▶15分▶ 林道合流点 ▶20分▶ 炭焼き小屋 との分岐 ▶15分▶ 自由広場 ▶15分▶ 山頂 ▶1時間▶ 登山口 ▶5分▶ 山川会館前

■おすすめの季節

遊歩道が整備されているので、積雪期以外なら家族連れでいつでも楽しめる。積雪期はカンジキをつけて雪山入門ハイキングもできる。

■アクセス

能越自動車道を高岡北インターで下り、県道小矢部伏木港線で小矢部方面へと向かい、高辻西交差点で右折。その後、県道高岡羽咋線を西広谷小学校先で右折し、山川集落へと向かう。

■アドバイス

山川集落には駐車場はないが、その先の林道沿いにある炭焼き小屋周辺には、駐車場、簡易トイレ等の設備がある。また、山頂には展望台があり、高岡市、氷見市のまちなみを一望することができる。

■お問い合わせ

高岡市役所　☎0766-20-1111
●国土地理院地形図
　2万5千分の1地形図「飯久保」

炭焼小屋のわきでサザンカも見つけました

春を告げるフキノトウ

る、そして山川の集落からなだらかな尾根を辿《たど》るコースがある。今回の山歩きのテーマは「雪山入門」。楽ができて安全で、さらに心地良いコースをということで、山川から歩くことにする。

集落の北側に続く道をひと上りして、畑沿いに右手に進むと墓地が見えてくる。登山口はそのすぐ手前。朽ちた案内標識に従って杉の植林地に足を踏み出す。雪はほんのわずか。春山特有のザラメ雪を、サクサクと踏みながら杉木立を抜けると、明るい尾根道となる。

山川コースの名物である「シデ」の古木

山頂展望台の眺めはピカイチ

最初の傾斜は岩盤伝い。雪が少なくて滑りやすそうな急な上りだ。すぐ先の右手に太い幹から大きな枝を四方に広げる古木が現れる。要藤さんが「スデ」と言っていた木だ。シデだろうか、枯れかかっていて樹皮の様子がわからない。コナラ、リョウブ、イヌシデ…。芽吹く前の木々に包まれて道は明るくて快適だ。だが、コナラとクヌギが一体どっちがどっちだか、皆目わからない。いや、たとえ葉がついていたってわからないのだが。

「ワカン」で雪も平気

尾根は高岡市と氷見市の境界になっていて、木々の隙間越しに氷見市の細越の集落あたりを振り返りながらひと歩きすると、山腹を30メートルほど横切るところにさしかかる。春先特有の重たい雪で、不安定なので慎重に横切り、ぐるりと回りながら右手に上がると、再びなだらかな尾根道となった。

このあたりから雪が深くなる。ヒザまでもぐるようになったところで、ワカン(カンジキ)をつけることにする。小川明日美さんも山岸カメラマンもワカンをつけて歩くのは初めて。「全然もぐらないですね」と、深雪の中をバタバタしながら先へと進む。

ゆるやかに下ると、再び杉の植林地にさしかかり、右手から林道が合流し、脇之谷内の方へと続く。林道を数メートル辿り、道は再び樹林の中にもぐり込む。ちょっと薄暗い中、見当をつけてこの樹林帯を抜け、小高くなったピークめがけてワクワクしながら上ると、前方に三千坊山が姿を現す。そこから一旦《いったん》小さく下ったところが分岐。右手下方には、要藤一夫さんたちの炭焼き小屋が見える。こ

天気が良ければ立山連峰のパノラマに見とれるでしょう

ブナが顔を見せ始めるとまもなく自由広場です

こで焼かれた炭は、すぐそばにある山川キャンプ場で使われているのだ。尾根道を直進する。見え隠れしている丸太の階段沿いに上ると、兎《うさぎ》が目の前を横切って走り去る。ところどころにブナが顔を見せ始めると、その先にあずまやが現れた。自由広場だ。いい具合にテーブルとベンチが置かれている。ここでちょっとひと休み。

アカガシの脇から山頂へ

ここから山頂まではほんのわずかだ。広い尾根はナツツバキ、リョウブ、ネジキなどの雑木林となっている。その先の切れ落ちた崖状になったところから、みごとなアカガシが数本、太い幹をくねらせるようにして生い茂っている。そこからゆっくりと右へ曲がりながら、最後の上りが始まる。ヤブツバキの

ほこらには登山帳が収められています

脇を抜け、アカマツが姿を見せはじめると、まもなく山頂に出た。

7、8メートルあるだろうか、丸太で組まれた立派な展望台がある。上るとまず立山連峰が目に飛び込んでくる。左手に目を向けると、富山湾から能登半島、眼下には白く輝く小矢部川、そして高岡の町並みから富山市街まで見渡せる。戦国時代、三千坊は上杉謙信によって滅ぼされた。天台宗の寺院などが建てられていて、北の石動山と並んで繁栄を極めたと伝えられている。3千人にも及ぶ僧兵を擁していたのではないだろうか。

展望台のすぐそばに、賽銭《さいせん》箱がある。登山帳ボックスがセットになっていて、「三千坊山保勝会」と書かれている。高岡に住む山歩き愛好家の方々で作られている会で、登山道の下草刈りなどもこの方々が行っていると聞く。

昼食はいつものカップ麺《めん》。もちろん雪山の流儀に従って、雪をナベに放り込んで湯を沸かす。「雪山がこんなに楽しいなんて知らなかった」「だけどワカンっていいですね。私ハマりそう」と小川さん。「冬山もこんな感じよ」と話しに花を咲かせる仲間たち。

帰りがけに炭焼き小屋に立ち寄ってみる。煙が出ていて、要藤さんが作業をしている。「いやあ、しばらく使ってなかったので、カラ焚《だ》きしてるんだ」と目を細める。

小屋の脇にサザンカが咲いている。足元にはフキノトウ。三千坊山は、残雪を踏みながら山川の集落から上るに限る。

炭焼き小屋の要藤さん（左から2人目）と記念写真を撮りました

おすすめの湯

湯廻屋敷 陽だまりの湯

スーパー銭湯ブーム真っ盛り。「銭湯」と「青春」がダブる年代のためか、この「銭湯」という文字の復活には無条件で拍手を送っている。そこで山から下りたところで高岡の江尻にある多種多様なお風呂とリラックス施設を備えたスーパー銭湯「陽だまりの湯」に直行した。開放感のある露天風呂ではアルカリ泉と炭酸泉の二つの泉質が楽しめ、「四季香る炭酸泉」「シルク成分配合の岩風呂温泉」の交互入浴は、より一層の美肌効果が期待できるという。ナノテクノロジー装置も導入され、館内全ての水が保湿力や保温力、浸透性の高い「ナノ水」に変わり肌触りも滑らかで、美と健康に抜群のお風呂と言われている。気軽にエステ気分が味わえ女性に人気が高いそうだ。

つぼ湯、岩風呂、寝ころび湯。漢方スチームサウナは薬草の香りがする。湯の種類も沢山あって、湯のハシゴも出来る。ジェットバスでは、ブルブルと筋肉全体が震えて、疲労が吹っ飛んでしまった。銭湯の上に「スーパー」がつくわけがよくわかった。

高岡市江尻478　☎0766-27-8800
営業時間●10時～25時
定休日●無休
料金●大人（中学生以上）600円
小人（小学生以下）300円
3歳以下は無料

あとがき

先日、ある山岳会に所属している古い山仲間が訪ねてきて、山での事故が多いことを嘆いていました。かつては、山岳会に所属していない未組織登山者の事故率が高いと言われていましたが、近年は山岳会に所属している登山者の事故が増えているというのです。しかも、ベテランと言われる人たちが、相対的ではありますが頻繁に事故を起こすようになっているのだそうです。理由は、かつて華々しい登山をやってきた人たちの高齢化にあるようです。

中高年になってから山を始めた人たちと違って、若い頃から登山してきた人は、どうしても昔のイメージから抜け出せません。身体能力はとっくに下り坂にさしかかっていて、そのことはある程度分かっているはずですが、つまらないところでよろけることがあっても、それを衰えとは認めたくないわけです。

このことは、山岳会に入っている、いないにかかわらず、安全な山歩きをする上で、とても参考になります。最近、山ガールと呼ばれる若い人たちが増え始めましたが、山ではまだまだ中高年の世界が続いています。しかもその多くの人たちが、衰えを認めたくない高齢にさしかかろうとしているのが現実です。そうした中、山での事故を起こさないためには、自分の身体能力の低下を少しオーバー気味にとらえる自覚が必要なように思います。覚悟ができ、思い込みを払拭《ふっしょく》したら視野が広がりますので、新たな山の良さを見つけることが出来ると思います。そして、山の奥深さの虜《とりこ》になるかもしれません。

多くの方々が、いつまでも安全で楽しい山歩きを続けられますよう心から願っています。

２０１２年３月

柚本寿二

[著者紹介]

柚本　寿二（ゆもと・ひさじ）

1948年香川県生まれ。全国各地の山を歩き、沢登り、イワナ釣りなどを楽しんでいる。山をフィールドとした遊びの達人。月刊『北國アクタス』で「ほくりく日帰り山歩き」を連載中。小松市在住。

《著書》

「白山に登ろう―全コースと見どころガイド」（北國新聞社）
「白山山系　とっておきの33山」（北國新聞社）
「越前・若狭　魅力の日帰り40山」（北國新聞社）
「ほくりく日帰り山歩き VOL.1、2」（北國新聞社）
「白山山系の渓流釣り」（北國新聞社）
「気分爽快　加賀の25山・25湯」（北國新聞社）

撮影／山岸政仁、上腰正也
協力／アドバンス社
装丁／バルデザイングループ

気分爽快

富山の25山・25湯

中高年も女子も楽しいコースガイド

発行日　2012年4月1日　第1版第1刷
著　者　柚本　寿二
発　行　北國新聞社/富山新聞社
〒920-8588 石川県金沢市南町2番1号
電　　話 076-260-3587（出版局直通）
E-mail　syuppan@hokkoku.co.jp

ISBN978-4-8330-1862-3

お気に入りの山を探そう
加賀 山歩きガイドの決定版
気分爽快
加賀の25山・25湯
柚本寿二 著
達成感のある大きな山から
心温まる小さな山まで、
山歩きの魅力が満載
定価 1,890円（税込）
おすすめ温泉情報
詳細地図と所要時間、アドバイス
山歩きに必要な持ち物、服装
緊急時の対応法
富山
とっておきの33山
渋谷茂 著 高志山の会 監修
定価 2,310円（税込）
新装版 白山山系
とっておきの33山
柚本寿二 著
定価 2,000円（税込）
新装版 白山に登ろう
全コースと見どころガイド
柚本寿二 著
定価 2,000円（税込）